Tanja Weimer & Torsten Wellmann

Glücksorte im Ruhrgebiet

Fahr hin und werd glücklich

Droste Verlag

Für Wolfgang

Vielen Dank für ihre Unterstützung an:
Volker Hartmann, Dagmar Jordan, Martin Müller,
Michael Wegener sowie Deike, Stefan und Tjade Frey

Dieses Buch gehört

....

....

....

Liebe Glücksuchende,

Was ist Glück? Die Frage ist mindestens so alt wie die Menschheit. Und mindestens ebenso lange hat ein jeder seine eigene, seine ganz persönliche Antwort darauf gefunden. Glücksorte im Ruhrgebiet, sie sind auch – und das liegt in der Natur des Potts – mit der Bergbau- und Industrievergangenheit der Region verknüpft. Oft sogar. Aber eben nicht immer. Das Glück im Ruhrgebiet findet sich am Wegesrand, relativ weit oben und mitten im Wasser, ebenso wie in jenen neuen Quartieren, in denen vor allem junge Kreative belegen, dass der Himmel über dem Revier längst nicht nur schon strahlend blau ist, sondern bisweilen sogar regenbogenbunt.

Die nachfolgende Auswahl an Glücksorten ist, siehe oben, rein subjektiv. Sie wird von dem geprägt, was wir selbst erfahren haben, was man uns erzählt hat – und nicht zuletzt davon, was in der Metropole Ruhr, für all jene, die hier leben, arbeiten und glücklich sind, vielleicht schon längst zum Alltag gehört. Tetraeder? Sicher – is' hier gleich umme Ecke. Ja und? Nun: Es kommt eben drauf an, was man daraus macht. Und ob man sich darauf einlässt. Das gilt für Haldenkunst und Kreativquartiere. Für Stöberläden und Wellnessoasen. Für Blumenwiesen und Kanutouren.

Und ja: Vielleicht bedienen wir auch ein wenig die Klischees. Schokolade muss, wenn das Thema Glück heißt. Nicht nur bei Frauen. Und doch sind es auch hier die ganz persönlichen kleinen Geschichten, die ungewöhnlichen Orte, die das Übliche zum Besonderen machen. Nicht zuletzt, weil hinter den Orten immer auch Menschen stecken, die eine Menge von dem investieren, was sich gemeinhin Herzblut nennt.

Glück im Pott? Gibt es aus Dosen, die hier Gasometer heißen. Frisch vom Feld. Und liebevoll angerichtet. An beinahe jeder Ecke. Ein Blick lohnt sich immer. Und ein zweiter folgt bestimmt. Anders wär' einfach nicht typisch Ruhrgebiet.

Glück auf!

Deine Glücksorte ...

... noch mehr Glück für dich

Sunset Walk

 Auf der Schurenbachhalde in Essen

Gehen Sie auf einen Hügel, vorzugsweise dorthin, wo es nie einen gab. Nehmen Sie einen Weg Ihrer Wahl. Sie erleben, wie der natürliche Horizont beim Besteigen des Hügels nach und nach ersetzt wird. Sie lassen die Stadt hinter sich, die Arbeit, den Stress. Den Aufstieg begleiten Klänge: Autos, Vögel, Wind, Autos, ein paar Stimmen, noch mehr Autos, das Knirschen Ihrer Schritte. Der Grund, auf dem Sie gehen, ist Grund genug fürs Gehen. Das Ungetüm auf dem Ungetüm taucht auf. Das Unterbewusstsein legt die Einleitung aus „Also sprach Zarathustra" als Hintergrundmusik unter das Gesehene. Denn wie in Stanley Kubricks „2001" hebt sie sich sukzessive vom schwach erhellten Hintergrund ab: eine Stahlplatte von fast siebzig Tonnen Gewicht auf einem Berg, der, aufgeschüttet aus den Waschbergen des Steinkohlenbergbaus, mit seinen 24,5 Millionen Tonnen noch eine ganz andere Dimension darstellt. Die Kunst ist so minimalistisch wie die Halde: Richard Serra, amerikanischer Bildhauer mit einem Faible für wetterfesten Stahl, hat für die Schurenbachhalde eine Platte erdacht, die fast senkrecht im Boden steckt. Von der Höhe des Hügels aus blicken Sie ins Tal zurück. Die zerrissene Stadtlandschaft des Essener Nordens blättert sich auf, die Hochhäuser der Essener Innenstadt, der Tetraeder in Bottrop, der Gasometer in Oberhausen, die Arena Auf Schalke. Keine einzelnen Zentren, ein geschlossener Raum. Das Ruhrgebiet, so wie es ist.

Jetzt erst werden Fackeln angezündet, der leichte Duft von verbrennendem Wachs und ein kühler Windzug streifen über die in das Zwielicht des Sonnenuntergangs getauchte Halde. Und während der Blick an der leicht angerosteten Landmarke mit ihren unzähligen Graffiti-Herzen hängen bleibt, um sich dann doch wieder den dampfenden Industrielandschaften zuzuwenden, lauschen Sie alten Geschichten über den Ruhrpott. Bergab geht es leichter und im Schein des Feuers. Nach zwei Stunden und drei Kilometern, wenn die Fackeln schon herabgebrannt sind und die kühle Luft durch die Jackenschichten gekrochen ist, hat man die Halde hinter sich gelassen. Und ein tiefes Gefühl der Zufriedenheit mitgenommen.

- Schurenbachhalde, Emscherstraße, 45329 Essen, www.route-industriekultur.de
- ÖPNV: Niederflurbus 183, Haltestelle Lattenkamp
- Sunset Walk: Simply Out Tours, www.simply-out-tours.de

Mein liebes Fräulein

2   *Fräulein Coffea in Bochum*

Braucht eine moderne, aufgeschlossene Welt noch Fräuleins? Unbedingt. Vor allem, wenn sie nicht nur den Namen Fräulein Coffea tragen, sondern zugleich den treffenden Untertitel „zauberhaftes, kleines Café". Und damit wäre eigentlich schon das Wichtigste gesagt.

Erzählen jedoch lässt sich natürlich viel mehr über dieses nette kleine Etablissement, das gerade mal hundert Meter vom Bochumer Schauspielhaus entfernt ist. Das so bunt ist wie Desigual-Klamotten. Tapeten hat wie aus dem Poesie-Album. In dem vieles bio und alles lecker ist. Vor allem der Kaffee. Stark ist der, richtig stark. Aus Prinzip. Aber mit Liebe gemacht, ebenso wie die süßen Kuchen und herzhaften Tartes. Hier reicht man handfeste Stullen statt Sandwiches, hier wird nicht in Massen abgefertigt, sondern individuell bedient.

Hier wirken und leben – man kann es kaum anders sagen – die Zwillinge Katrin und Nina Oberheitmann. Die eine: gelernte Möbeltischlerin. Die andere: Damenschneiderin. Eigentlich. Ihre Berufung haben sie in der Gastronomie gefunden. Doch welch schnödes Wort für so ein hehres Ziel. Denn zusammen, selbst gerade mal Ende dreißig, haben die beiden auf ganz eigene Art und Weise den Tante-Emma-Stil wiederbelebt. Und der ist keineswegs nur etwas für alte Damen. Dem Schauspieler von umme Ecke schmeckt es hier ebenso wie dem Macho mit Sonnenbrille und der Mama von gegenüber nebst Anhang. Weder das Geklapper von Stricknadeln wirkt hier störend noch das gezückte Smartphone, das die bestellten Köstlichkeiten im Bild festhält – bevor sie, unter wohligem Lächeln, den Gang alles Essbaren gehen. Ein Café mit Stammkundenpotenzial.

Man könnte es auch locker „verpflanzen", dieses Fräulein, nach Berlin oder Hamburg vielleicht. Ausreichend Charme, ausreichend Wirkung hat das Coffea allemal. Andererseits: Warum etwas hergeben, das so gute Laune macht? So lecker ist. Bochum-Ehrenfeld hat sein eigenes Wohnzimmer gefunden. Nix von der Stange und alles andere als Eiche rustikal oder Gelsenkirchener Barock. Mein liebes Fräulein.

●●●

Fräulein Coffea, Oskar-Hoffmann-Straße 34, 44789 Bochum
www.fraeulein-coffea.de
ÖPNV: Bus 353, 354, 356, U35, Haltestelle Oskar-Hoffmann-Straße

Mehr Märchen

3 *Schloss Lembeck in Dorsten*

Alte Gemäuer und Wasser – diese Kombination treibt Hausbesitzern normalerweise die blanke Panik in den Blick. Dabei können alte Gemäuer und Wasser auch anders. Glücklich machen etwa. Insbesondere, wenn es sich bei besagtem Gemäuer um ein Wasserschloss handelt, dessen Geschichte bis ins Mittelalter zurückreicht. Und ja: Natürlich darf hier auch geheiratet werden. Auf Wunsch sogar in der privaten Schlosskapelle Lembeck St. Blasius. Und weil Märchenhochzeitsmädchenträume auch im Anschluss an das Ja-Wort einer perfekten Kulisse bedürfen, wendet sich die Gesellschaft dann am besten gen Schlosspark: Ursprünglich als barocker Garten angelegt wurde dieser im 19. Jahrhundert in ein grünes Kleinod im englischen Stil umgewandelt – alte Rosen und einhundertfünfzig verschiedene Rhododendren inklusive. Allesamt Zutaten für ein Märchen, das auf der ländlichen Seite des Ruhrgebiets spielt.
Denn Dorsten und Umgebung sind – mit Verlaub – vor allem dreierlei: grün, flach und weit. Bis irgendwann starke Mauern in der ländlich-westfälischen Idylle des Naturschutzgebietes Hohe Mark aufragen und zwei Tore den Übergang von bodenständig zu herrschaftlich markieren. Zwei Tore, zwei Inseln, ein Wasserschloss: Schloss Lembeck, Rentei des Grafen von Merveldt. Ein beeindruckendes Ensemble auf schnurgerader Achse, das in Würde gealtert ist und in seinem Inneren zwei Museen beherbergt – das Schloss- und das Heimatmuseum. Und während die Schuhe über knarrende Eichenbohlen gleiten und der Blick zu den zarten Stuckverzierungen an den Decken wandert, werden die Mädchenträume, werden antike Stühlchen und zartes Porzellan durch einige handfestere Exponate ergänzt. Ritterrüstungen etwa oder Schwerter. Ohne die wäre selbst das beste Märchen ein bisschen fade. Erkundet werden können Park und Schloss selbstverständlich auch ohne Hochzeit. In regelmäßigen Führungen etwa. Oder im Anschluss an ein romantisches Picknick im Schlosspark. Auch hier existiert eine, nennen wir es: etwas „derbere" Alternative – eine Grillhütte. Für echte Männer, ganze Familien – und alle, die ein bisschen mehr Märchen im Alltag zu schätzen wissen.

● Wasserschloss Lembeck, Schloss 2, 46286 Dorsten-Lembeck
www.schlosslembeck.de
● ÖPNV: Niederflurbus 209, Haltestelle Lembeck Schloss

Feuchtgebiet

4 *Die Orchideenwiese in Bergkamen*

Kann es Orchideen in einer Region geben, die für ihre postindustrielle Spontanvegetation bekannt ist? Für die der Begriff Industrienatur erfunden wurde? Es kann. Mittendrin in diesem typischen grünen Konstrukt Ruhrgebiet. Auf Industriebrachen, wenn man nur ganz genau hinschaut. Und an ganz besonderen Plätzen, die des Schutzes bedürfen. In Bergkamen gibt es so einen Ort. Auch hier ist die Industrie nicht weit, zeugt die Halde Großes Kreuz als Landmarke weithin sichtbar von der Bergbau-Vergangenheit der Metropole Ruhr. Eine Vergangenheit, die nicht zuletzt erst die Entstehung einer besonderen Naturlandschaft möglich gemacht hat. Jahrzehntelang und noch bis 2010 förderten die Zechen Haus Aden und Monopol. Die Folge: Bergsenkungen nördlich des Datteln-Hamm-Kanals – und die Entstehung einer wertvollen Sumpflandschaft. Über zwölf Hektar groß ist jenes Naturschutzgebiet, das den unfassbar drögen behördlichen Namen „Feuchtgebietskomplex zwischen Landwehrstraße und Datteln-Hamm-Kanal" trägt. Ein Gebiet, in dem der Mensch auf wenigen Wegen lediglich Besucher ist. Ein Gebiet, das Besuchern in seinem Herzen ein echtes Kleinod offenbart.

Auch dessen offizielle botanische Bezeichnung – magere Feuchtwiese – ist alles andere als PR-tauglich. Doch längst hat man nicht nur in Bergkamen eine weitaus schönere Bezeichnung für das rund anderthalb Hektar große Gebiet gefunden: Orchideenwiese. Namensgebend ist das violette Breitblättrige Knabenkraut, in dessen Nachbarschaft zudem die seltene Sumpfdotterblume und andere gefährdete Wiesenpflanzen eine Heimat gefunden haben. 2012 kaufte der NABU Unna das zuvor bereits angepachtete Areal, um es für die Zukunft zu sichern. Denn die Orchideenwiese ist empfindlich, bedarf der regelmäßigen Mahd und Hege.

Aspekte, die der NABU in regelmäßigen Führungen Menschen aus der ganzen Region vermittelt. Denn nur was man kennt, schützt man auch. Die eigentliche Überzeugungsarbeit jedoch leistet die Wiese selbst: alljährlich, immer bis Mitte Juni, wenn das gefährdete Knabenkraut zu Hunderten blüht.

◉ Orchideenwiese, Nördliche Lippestraße, 59192 Bergkamen
www.nabu-unna.de
◉ ÖPNV: Bus 126, Haltestelle Bodelschwingh-Schule

Herr Walter legt an

5 *Ein Eventschiff im Dortmunder Hafen*

Liegt ein Schiff im Dortmunder Hafen … – na und? Zugegeben, die eigentliche Nachricht ist hier tatsächlich eine andere. Denn jenes besagte Schiff ist nicht irgendein Schiff. Gestatten: Walter. Herr Walter. Wer braucht als ehemaliges Schüttgüterschiff schon Vor- und Nachnamen? In Dortmund, und ja: auch jenseits der Stadtgrenzen, reichen diese zwei kleinen Worte durchaus, um seinem Gegenüber ein Lächeln zu entlocken. Denn dieses Schiff hat sich nicht nur seinen eigenen Strand gleich mitgebracht, sondern sich seit 2011 als feste Eventlocation im Ruhrgebiet etabliert. Bei allen, die auf ein bisschen große weite Welt auch in der Metropole Ruhr nicht verzichten möchten. Bei jenen, für die es durchaus etwas mehr Meer sein darf. Und bei allen, deren Herz nicht die Farbe Rot, sondern die Kombination Schwarz-Gelb trägt.

Klingt kryptisch, hat aber jede Menge Glückspotenzial – und nicht zuletzt auch eine ziemlich einleuchtende Erklärung: 2011 machte Herr Walter auf Dauer im Dortmunder Hafen fest; einhundertzehn Jahre auf den Flüssen und Kanälen Europas, das sollte für die Rente reichen. Es folgten: eine optische Grunderneuerung, ein respektabler Umbau sowie die visuelle und konzeptionelle Ergänzung um eine Außenanlage, für die wahrscheinlich die Bezeichnung Beach-Lounge die treffendste wäre; Sand und Liegestühle inklusive. Das Ergebnis: das Gesamt-Kunstwerk Herr Walter. Geöffnet immer bei hauseigenen Veranstaltungen (Spannbreite: Love-Boat-Party bis Seemannsgarn von Herr Walter sein Kapitän Oliver Buschmann), bei schönem Wetter ab 14 Uhr – und bei Fußballübertragungen. Am BVB kommt man in Dortmund nicht einmal unter Palmen vorbei. Warum auch?

Platz ist schließlich genug, an Bord, unter Deck und auf dem Außengelände. Hier wird geklönt und gesnackt, frisch von der hauseigenen Fischbude „Waltraud" etwa, und beim Cocktail den eigenen Gedanken nachgehangen. Die Zehen im Sand, den Kopf in den Wolken, ein Schiff vor der Haustür. Das Glück braucht nicht immer gleich eine komplette Weltreise. Bisweilen reicht eine Fahrt nach Dortmund.

 Herr Walter, Speicherstraße 90, 44147 Dortmund
www.herr-walter.de
ÖPNV: U47, Haltestelle Dortmund-Hafen

Die Magie des Mastes

6 | *Der Zauberlehrling in Oberhausen*

Kunst, so sagt man, hat ihren „Zweck" erfüllt, wenn sie den Menschen erreicht. Emotionen provoziert, gleich welcher Art. Gefühle mag auch ein ganz gewöhnlicher Strommast wecken. Aber ist er deshalb schon Kunst? Macht er gar glücklich? Ein normaler Vertreter der Gattung Freileitungsmasten wahrscheinlich nicht. Seit 2013 jedoch verzeichnet die Spezies einen Ableger, der alles ist, aber ganz sicher nicht alltäglich.

Es beginnt damit, dass dieser Mast, der mitten im Emscher Landschaftspark steht, an keiner Leitung hängt. Er steht frei. In mehr als nur einem Sinn. Mehr noch: Er scheint zu tanzen. Wo der Mast-Standard schnurgerade Linien vorgibt, wiegt sich dieser in sanften Kurven fünfunddreißig Meter hoch in den Himmel von Oberhausen. Und dann wäre da noch sein Name: Zauberlehrling. Eine Figur aus Goethes gleichnamiger Ballade. Und zugleich eine der schönsten Rollen, in die eine Zeichentrickfigur jemals geschlüpft ist. Doch alles der Reihe nach.

Der Mast ist tatsächlich Kunst, genauer: ein Exponat der „Emscherkunst.2013". Entwickelt von der Berliner Künstlergruppe „inges idee" feiert er die Freiheit, den Ungehorsam; mitten auf der wahrhaft grünen Wiese, mitten am Rhein-Herne-Kanal.

Sicher: Klimawandel, Energiewende – auch das waren Fragestellungen, die die Künstler mit ihrem Werk aufwerfen wollten. Doch tatsächlich scheinen solche Gefühle zu ernst, zu schwer für dieses so freundliche Objekt, das – ganz ohne Strom – elektrisierend wirkt. Auch wenn wohl nicht jedem bei seinem Anblick eine Maus und ein paar Besen einfallen. Zur Erklärung: Es war irgendwann in der Kindheit, und über eines der drei Fernsehprogramme flimmerte Disneys „Fantasia". Micky ließ zu Dukas' sinfonischer Umsetzung der Goethe'schen Ballade die Besen tanzen. Reine Magie. Jener Strommast erinnert an die tanzenden Feger von damals. Und der Eindruck, dass er sich tatsächlich bewegt, verstärkt sich, je näher man ihm kommt.

Doch selbst aus der Ferne, von der Straße aus, wirkt die Magie des Mastes. Das Glück, es steht manchmal tatsächlich einfach so rum.

⊙ **Infozentrum Haus Ripshorst Emscher Landschaftspark, Ripshorster Straße 306, 46117 Oberhausen, Parkplatz am Haus Ripshorst**
⊙ **ÖPNV: Niederflurbus 957, Haltestelle Haus Ripshorst. Die Skulptur ist jederzeit zugänglich.**

Auszeit mit Salz

 Die Niederrhein-Therme in Duisburg

Die Revierparks gehören zum Ruhrgebiet wie die Bratwurst zum Brötchen. Die Revierparks sind fester Bestandteil der hiesigen Freizeitlandschaft. Und das schon seit den 1970er-Jahren. Damals baute der Regionalverband Ruhr (RVR), der damals noch den tristen Namen Siedlungsverband Ruhrkohlenbezirk trug, die Revierparks Gysenberg in Herne, Nienhausen auf der Grenzlinie zwischen Essen und Gelsenkirchen, Vonderort in Oberhausen, Wischlingen in Dortmund und Mattlerbusch in Duisburg. Das Prinzip war stets das gleiche, eine Kombination von Park und Bad, und diente vor allem einem Zweck: Sie sollte mal an die Luft, die bergbau- und industriegeplagte Bevölkerung des Reviers. Ein Konzept, das prächtig funktionierte. Und das die Zeiten überdauerte. Mittlerweile ist frische Luft Alltag im Revier, sofern man nicht gerade an der Autobahn oder einer der Hauptverkehrsachsen wohnt. Was den Revierparks die Chance eröffnete, ein wenig um- und draufzusatteln. Mehr Freizeitangebote, mehr Trendsportarten, mehr Fitness, mehr Gesundheit. Wer sich behaupten will, muss halt mit der Zeit gehen. Und so verfügt die moderne Metropole Ruhr heute gleich über mehrere Wellness- und Freizeitoasen im XL-Format.

Eine davon: der Revierpark Mattlerbusch mit angeschlossener Niederrhein-Therme. Fünfundvierzig Hektar reine Auszeit im Norden Duisburgs, samt Reiterhof, Brauhaus, Saline, Sauna- und Solelandschaft. Bei fünfzehn verschiedenen Saunen allerdings kapituliert irgendwann jede Schweißdrüse. Aber hier geht es ja auch nicht um einen Marathon, sondern um Entspannung. Klamotten aus, Ruhe an. Klappt bestens.

Und wer es bei all der Ruhe und Entspannung, der Rückbesinnung auf das eigene Selbst und der Gelassenheit vielleicht ein wenig eilig hat – man kann ja irgendwie doch nicht aus seiner Haut –, dem sei die Salzgrotte empfohlen: Dreißig Minuten inmitten orangefarbener, uralter Himalaya-Salzblöcke, die Füße knöcheltief in Salzkristallen aus dem Toten Meer, die Nase angefüllt mit natursalzgeschwängerter Luft entsprechen, so heißt es, ganzen zwei Tagen an der See. Herrlich. Wieder einen Weg gespart.

> **Revierpark Mattlerbusch, Wehofer Straße 42, 47169 Duisburg**
> **www.niederrhein-therme.de**
> **ÖPNV: Bus 905, Haltestelle Niederrhein-Therme**

Der Pfirsichblütenquell

8 *Der Chinesische Garten in Bochum*

Macht ein Uni-Campus glücklich? Das kommt darauf an, wie weit man diesen Begriff fasst – und wie weit man bereit ist, hinter dem Üblichen das Ungewöhnliche zu suchen. Etwa in Bochum. Etwa auf dem Gelände der Ruhr-Universität. Dort, am südlichen Ende des Campus', entdeckt, wer sich auf die Suche macht, mitten im wunderschönen Botanischen Garten der Uni ein gärtnerisches Kleinod, einen Ort der Ruhe und der fernöstlichen Spiritualität. Ein steinernes Portal weist den Weg in eine andere Welt, direkt in den Chinesischen Garten. Sein offizieller Name? Ein Gedicht. Nun ja, beinahe. Benannt ist Qian Yuan nach dem Literaten Tao Qian (365–427 n. Chr.), dessen Poem „Pfirsichblütenquell" hier – mitten im Revier, Heimat der postindustriellen Spontanvegetation – architektonisch umgesetzt werden sollte. Stein gewordene Worte. Gewachsene Verse. Qian, der Dichter, erzählt von einem überirdisch schönen Tal fernab der Außenwelt. Und tatsächlich: Selten kam ein Ort diesem Ideal so nah. Eintausend Quadratmeter ist es groß, jenes ganz besondere Geschenk, das die Tongji-Universität Shanghai den Bochumer Kollegen im Jahr 1990 machte. Entworfen hat den Garten der renommierte Architekt Zhang Zhenshan. Chinesische Spezialisten türmten nach seinen Anweisungen sechshundert Tonnen Felsgestein auf und gestalteten den inneren Bereich im südchinesischen Stil. Und der steht zum einen für Holz, Stroh, handgeformte Ziegel und weiß getünchte Wände, aber auch für einen faszinierenden kleinen Rundweg, für Weiden und Schilf genau am richtigen Platz, für eine Felswand, die kein Hindernis, sondern ein Durchgang ist, und vor allem: für einen geradezu majestätisch schönen See. Koi-Karpfen inklusive. All das kann man architektonisch hinterfragen; oder aber man lässt dieses Kunstwerk der Natur einfach im Gesamt auf sich wirken. Vielleicht von einem der Pavillons aus. Vielleicht mit einem guten Buch in der Hand. Vielleicht sogar mit jenem Gedicht Tao Qians, dem dieser Ort hier Leben einhaucht. In der Übersetzung selbstredend. Und hätten wir jetzt einen Glückskeks zur Hand, sein Sinnspruch wäre klar: Das Glück liegt manchmal unmittelbar vor deiner Haustür. Direkt auf einem Campus.

● Chinesischer Garten im Botanischen Garten, Ruhr-Universität Bochum, Universitätsstraße 150, 44801 Bochum, www.ruhr-uni-bochum.de ● ÖPNV: Bus 375, Haltestelle Botanischer Garten
● Der Eintritt ist für den Botanischen Garten und für den Chinesischen Garten frei. Der Botanische Garten befindet sich südlich der Ruhr-Universität, hat verschiedene Eingänge, ist aber ausgeschildert.

Herz am Tanzen

9 *Das Günni-Semmler-Denkmal in Essen*

Zylinder vom Sargträger, Jacke aus der Altkleidersammlung, Akkordeon von Hohner, Fahne vom Pils. In der Essener Kneipenszene war er allgegenwärtig. Bahnhof Süd, Ampütte, Click – wohin man auch kam, Günni war schon da und quetschte seine Kommode. Heute steht Günni da, wo man ihn kannte: im Biergarten des Click. Als Denkmal. Günter Semmler, geboren 1931. Als Bomben auf Günni fielen, da fiel auch Günni: sein erster epileptischer Anfall. Die große Schwester schenkte ihm nach dem Krieg sein erstes Akkordeon, und Günni lernte zu spielen. Einfach so, ohne Folkwangschule. Heirat, eine Tochter, Scheidung, Schnauze voll: Günni ging nach Köln, um ein neues Leben anzufangen. Obdachlos, immer unterwegs, immer mit Akkordeon. In Köln gaben sie ihm nicht „'ne Mark fürs Spielen, sondern fürs Aufhören". Also zurück ins Ruhrgebiet. Tellerwäscher für Millionäre im Parkhaus Hügel. Und abends mit der Quetschkommode durch die Kneipen. Viele taten ihn als Säufer ab, als Spinner. Bis Stefan Stoppok Günnis Platte produzierte: „Wer weint, kriegt sein Geld zurück". Originalton Günni: „Stoppok, du machs mich mein Herz am Tanzen." Im Click bekam Günni immer ein Bier aufs Haus. Mit Blick auf den versteinerten Günni im Biergarten kommen die Erinnerungen zurück. Etwa an jenen Tag, als er der Bedienung erklärte, der Arzt habe ihm das tägliche Bier verboten. Ob sie ihm das Geld ausbezahlen könnte. Das Mädchen, völlig verdutzt, griff in die Kasse und drückte Günni zweifuffzig in die Hand. Bei diesem Gedanken kann man sich das Grinsen kaum verkneifen und hat automatisch seinen Container-Song im Ohr. „Ich möcht' ein Container sein an Rhein und Ruhr. Und ist der Container voll, ja dann werd' ich rattendoll."
Günni war ein Clown, ein Thekenschreck, ein Netter. Manchmal auch nervig. Aber er gehörte einfach dazu. Günter Semmler starb 2004. Fast hätte er ein Armenbegräbnis bekommen. Doch Freunde kratzten bei einem Benefizkonzert in der Ampütte die Kohle zusammen. Stoppok war auch dabei. Nun liegt Günni auf dem Parkfriedhof. Nicht weit von Gustav Heinemann. Günni, du machs mich mein Herz am Tanzen.

● Biergarten des Café Click, Isenbergplatz/Beethovenstraße 1, 45128 Essen
● ÖPNV: Straßenbahn 101, 105, Haltestelle Kronprinzenstraße

Ein Koloss im Licht

10 *Der Landschaftspark Duisburg-Nord*

Nachts sind alle Katzen grau, sagt man. Eine Volksweisheit, die mit den Nächten im Ruhrgebiet eher nichts zu tun hat. Was man hat, muss man zeigen, wäre ein deutlich passenderer Aphorismus. Denn ja: Das Ruhrgebiet steht zu seiner Vergangenheit – und baut darauf auf. Ein Prozess, für den der Begriff Strukturwandel gefunden wurde. Ein Prozess, der vielfach künstlerisch begleitet wurde. Live und in Farbe.

Das mithin imposanteste Beispiel für diese sympathische Art der „Denke" ist der Landschaftspark Duisburg-Nord, liebevoll auch gern LaPaDu abgekürzt. Bei Tage: ein Koloss in Grau und Rostrot. Bei Nacht: ein Kunstwerk, das volle fünfzehn Hektar einnimmt. Denn dann setzt eine Lichtinstallation des britischen Künstlers Jonathan Park einen Teil des alten Hüttenwerks, das 1901 im Auftrag August Thyssens gebaut wurde, wahrhaftig in Szene. Für das Ergebnis ist jedes Wort zu nüchtern. Hunderte Fotografen jedoch sorgen jährlich dafür, dass das Erlebnis in faszinierenden Bildern festgehalten wird. Hier wird Glück in Pixeln gemessen. Doch LaPaDu ist mehr als nur bunt. Gehörte der Duisburger Norden einst noch zu jenen eher ländlichen Gebieten, die durch die Hochindustrialisierung höchst unsanft aus dem idyllischen Dornröschenschlaf gerissen wurden, hat sich hier heute ein Treffpunkt für Menschen aus der ganzen Region entwickelt. Auf Initiative der Menschen selbst übrigens, die sich nach der Stilllegung des Werkes im Jahr 1985 für den Erhalt der Industriebrache starkgemacht hatten.

Zwischen den Stadtteilen Meiderich und Hamborn wuchs derart ein Freizeitareal von gänzlich neuer Qualität. Ein Park neuen Typs, weltweit nahezu einmalig, in dem wild gewachsene Vegetation und Industriebauten die perfekte Symbiose eingehen. Sommer-Open-Air-Kino in der Gießhalle 1, Europas größtes künstliches Tauchsportzentrum im ehemaligen Gasometer, ein alpiner Klettergarten im früheren Erzlagerbunker, ein Hochofen als Aussichtsturm, Rad- und Wanderwege auf ehemaligen Bahntrassen: Hier geht vieles. Und vieles immer wieder gern. Ein Besuch bei Nacht etwa. Um einen Koloss im Kunstlicht zu bestaunen.

Landschaftspark Duisburg-Nord, Emscherstraße 71, 47137 Duisburg. Der Park ist rund um die Uhr geöffnet; der Eintritt ist frei. Lichtinstallation: freitags, samstags und sonntags sowie an Feiertagen mit Einbruch der Dunkelheit; bei Veranstaltungen auch während der Woche.

ÖPNV: Stadtbahnlinie 903, Bus 906, 910, Haltestelle Landschaftspark Nord, Nachtbus NE3, Haltestelle Hüttenwerk

Engels Küche

11 *Crossover-Kochkurse im Golfclub*

Anderen im Fernsehen beim Kochen zusehen – das kann einen gewissen Unterhaltungs- und sogar einen Informationswert haben. Doch nur wer selbst Möhren schnippelt und Fisch filetiert, weiß hinterher, wie es geht. Und ist – angenehmer Nebeneffekt – anschließend auch noch gut gesättigt. Profis wissen eben mehr und teilen dies auch gerne mit, gegen einen gewissen Obolus, versteht sich. Im Ruhrgebiet gibt es mehr als eine Handvoll erstklassiger Küchenchefs. Einige aus dem Fernsehen bekannt, andere nicht. Viele bieten Kurse an. Einige auf Sterneniveau, andere knapp darunter. Dementsprechend variieren auch die Preise.

Immer wieder ein Erlebnis sind die Kochkurse mit Pia-Engel Nixon. Die studierte Grafikdesignerin lernte das Kochen in Sydney. Zehn Jahre lebte sie in Australien, eröffnete dort 2008 das Restaurant Pyrama und kehrte schließlich in ihre Heimat, ins Revier zurück. Und hier wurde aus dem Engel eine Showköchin, die unter anderem beim Tresenkochen die Theken von Bars, Kneipen und Restaurants zur Bühne macht.

Ihre Kochkurse finden mittlerweile stilvoll im eigenen Restaurant Nixon im Golfclub Haus Leythe statt. Golfclub und Gelsenkirchen – das nennt sich wohl Crossover. Dazu passen auch die Koch-Themen: im Angebot sind unter anderem Candle Light Dinner, Weihnachtsmenü, Fisch, Thai Night und Fiesta Mexicana. Bei dem Hintergrund der Chefköchin besonders interessant: Australian Crossover. Die ganze Vielfalt der australischen Küche in fünf Gängen: Jakobsmuscheln auf Rote-Bete-Carpaccio mit Rucola & Mango; Zitronengras Shot mit Garnelenspieß; Kängurufilet mit karamellisiertem Apfel, Macadamianuss und tasmanischem Bergpfeffer; Lammrücken an Kumapüree mit sautiertem Babyspinat und einem Minzpesto; Schoko-Lava-Kuchen mit Chili an Himbeersauce. Besser schmeckt auch ein Australien-Urlaub nicht.

Gemein haben alle Kurse zweierlei: Es geht immer mit einem Aperitif los. Und sie enden immer damit, dass man mit einem satten Glücksgefühl wieder nach Hause fährt.

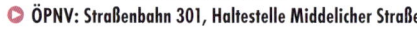

Nixon, Middelicher Straße 72, 45891 Gelsenkirchen
www.restaurantnixon.de
ÖPNV: Straßenbahn 301, Haltestelle Middelicher Straße

Für zwei bis drei Personen

12 *Das Gdańska in Oberhausen*

Das Revier meiner Kindheit spielt im Schrebergarten, dudelt die Melodie der Klüngelskerle und hat die Stimme der dicken Nachbarin, die immer im Fenster lag und auf uns Blagen schimpfte. Das Revier meiner Kindheit ist zu einem Teil auch mit dem Essen von damals verbunden. Liebe, heißt es, geht durch den Magen. Mit den Erinnerungen ist es ganz genauso. Rindfleischsuppe und Tomatenschnitten gab es damals. Kohlrabi mit Rahm, selbst gezogen. Nierchen, stundenlang eingelegt in Milch, und Pfannkuchen. Manchmal kamen auch Muscheln auf den Tisch, frisch aus der Kneipe an der Ecke, nach Hause getragen im eigenen alten Kochtopf. Gut gegessen wurde sonntags. Fleisch und Klöße. Jede Menge Klöße. Den Standard „wie bei Muttern" erreicht im Ruhrgebiet nicht jedes Restaurant. Das Gdańska jedoch steht auf der Messlatte ganz oben. Hier, am Oberhausener Altmarkt, schmecken die Klöße, der Rotkohl, der Braten noch genauso wie früher. Hier trifft die ruhrpolnische Vergangenheit – jene Zeiten also, in denen die Polen im Revier, die Gastarbeiter, noch unfein „Polacken" genannt wurden – auf moderne deutsch-polnische Völkerverständigung. Und das längst nicht nur übers Essen, über Bigos und Sauerkraut. Sondern auch über Musik, Jazz vor allem, über Literatur und über Fußball. Selbst die Speisekarte ist nicht bloß Speisekarte, sondern klärt als Gdańska Kurier zugleich über die Geschichte des Lokals und über die polnische Kultur auf.

Für mich ist das Gdańska, jene irgendwie immer etwas schummerige Eckkneipe mit dem zusammengewürfelten Interieur in Rot und Schwarz, ein Ort, an den ich gehe, wenn ich einen wirklich miesen Tag hatte. Manchmal wegen der Klöße. Manchmal – und dann war der Tag ein wirklich schlechter – einzig und allein wegen Talerz deserowy. Ein Dessert, auf das man durchaus warten muss. Doch wenn der Teller, ach was, die Platte, kommt, weiß man warum: Denn die Bedienung trägt schwer an süßen Pierogi, Teigtaschen mit Marmeladenfüllung, Früchten, Eis, Sahne, Vanille- und Schokosoße. Eine Glückskur nicht für die Hüften. Aber für die Seele.

· ·

Gdańska, Altmarkt 3, 46045 Oberhausen
www.gdanska.de
ÖPNV: Bus 122, Haltestelle Friedrich-Karl-Straße

Mobiliarmarottenmuse

13 *Frollein Fritz in Dortmund*

Seinen wohl schrägsten Interieurladen versteckt Dortmund in der Stubengasse. Hier bei Frollein Fritz, der ehrenwerten Mobiliarmarottenmuse, gibt es Dinge, die gut aussehen. Und Dinge, die was können (und gut aussehen). Sie alle zusammen bilden den Anlass für jenen Ausruf, gegen den kaum ein Besucher gefeit ist: „Alles so schön bunt hier."

Bunt, pah, ist noch untertrieben. Hier existieren (nein, hier stehen die Sachen nicht nur so herum) Lampen mit Pelzkragen oder Knick neben Möbeln mit Charakter und Wandbildern, die die Fernseh-Störbilder von einst glatt noch in den Schatten stellen. Eine ganz eigene Welt, irgendwo zwischen Trash und Kult, die kitschige Madonnen-Darstellungen ebenso zum Deko-Element befördert wie das Sandmännchen und die Teletubbies. Mittendrin und immer irgendwo dazwischen: Blechspielzeug für nostalgische Gefühle.

All das stammt aus kleinen Manufakturen, die nicht nur Dortmunder mit ihren schrägen Ideen begeistern, oder direkt aus der heimischen Werkstatt von Inhaberin Petra Komorowski, die mindestens so herrlich verrückt ist wie ihr Laden selbst. Fündig wird die Dortmunderin auf Flohmärkten und in Secondhandläden. Ein Stöbergefühl, das sie in ihren eigenen vier Wänden an der Stubengasse ungefiltert weitergibt.

Ihr Laden zeigt alles, was Schere, Messer, Klebepistole, Hammer und Nagel leisten können: Lampen, immer wieder Lampen, aber auch Bilder, Schalen und Schatullen. Weggeworfen wird hier nichts. Was weniger Verkaufsargument als Weltanschauung ist. Die ultimative Alternative zum Sperrmüll quasi, für die unsere moderne Welt neben dem Begriff Recycling lange schon das Wort Upcycling gefunden hat. Aus altem Zeugs wird etwas Neues; „Gedöns", wie man im Pott gern sagt, von ganz spezieller Schönheit. Gern befranst und oft bebommelt. Kunst auf ganz eigene Weise und immer, wirklich immer: individuell.

Wie das, was sie tut, funktioniert, gibt Komorowski regelmäßig in Upcycling-Workshops weiter. Daheim an einem großen Tisch. Weil Nachhaltigkeit für sie mehr als nur Mode ist.

●●●

🔴 **Frollein Fritz, Petra Komorowski, Stubengasse 30, 44135 Dortmund**
www.frolleinfritz.de
🔴 **ÖPNV: U43, Haltestelle Reinoldikirche**

Der Scheinriese

14 *Tiger & Turtle in Duisburg*

Erinnert sich noch jemand an den Scheinriesen aus „Jim Knopf"? Nur aus der Ferne sah er aus wie ein Riese, doch je näher man kam, desto kleiner wurde er. So ähnlich verhält es sich mit Tiger & Turtle. Deshalb fangen wir in sicherer Entfernung an. Denn bereits beim Aufstieg stockt dem ein oder anderen Besucher angesichts des Loopings der Atem. Von Weitem nämlich sieht es so aus, als könne dort eine wahrhaftige Achterbahn rasen. Kopfüber auf der Halde – nein, keine Angst, der Looping ist nicht begehbar. Doch tatsächlich stellt Tiger & Turtle die Nerven ängstlicher Zeitgenossen zunächst auf eine harte Probe. Nicht jeder mag den Blick durch die Stufen nach unten. Auch ist der Gehweg nur knapp einen Meter breit. Eng wird's am Wochenende. In der Woche hat man das Kunstwerk je nach Uhrzeit aber auch schon mal ganz für sich allein. Langsam, Schritt für Schritt geht es den Weg entlang. Auf die erwartete Beschleunigung folgt so erlebte Entschleunigung. Erst recht nachts, bei LED-Beleuchtung, ist die Stimmung noch mal eine ganz andere.

Dieses Spiel mit der Geschwindigkeit ist aber nur ein Grund, warum Tiger & Turtle so eindrucksvoll ist. Nach jeder Kurve wechselt die Richtung, und wer die Windungen der Achterbahn abschreitet, erfährt die Umgebung aus ständig neuen Perspektiven. Auf einer Höhe von fünfundachtzig Metern über Normalnull eröffnet sich schließlich ein grandioser Blick über den Rhein. Nicht zu vergessen: Tiger & Turtle ist ein Ort der Begegnung. Denn beide Wege über die Achterbahn – einhundertvierzig Meter lang der eine, sechzig Meter lang der steilere – münden in einer Sackgasse: Beim Looping ist Schluss. Daher gibt es dort auch zahlreiche entgegenkommende Menschen. Grüßen Sie freundlich, das hebt die Stimmung.

Doch kommen wir zurück zum Ausgangspunkt. Nicht zum Scheinriesen, sondern zur Wahrnehmung. Aus der Tatsache, dass die Installation von Weitem wie eine rasante Achterbahn wirkt und man sich dann wider Erwarten doch langsam vortasten muss, ergibt sich der Name des Ungetüms: ein schneller Tiger aus der Ferne, eine entspannte Schildkröte von Nahem. Und eine giraffenmäßige Aussicht gibt's kostenlos dazu.

Tiger & Turtle, Ehinger Straße, 47249 Duisburg
www.route-industriekultur.de
ÖPNV: Straßenbahn 903, Haltestelle Tiger & Turtle

Wo Erna Mathilde heißt

15 *Die Persiluhr in Lünen*

Das Glück braucht auch im Ruhrgebiet einen geeigneten Treffpunkt. Einen romantischen. Einen nostalgischen. Einen, an dem man die Uhrzeit jederzeit im Blick hat. Ein solcher Ort findet sich in Lünen, direkt im Zentrum der Stadt, mitten in der Fußgängerzone. Was den Platz an der Münsterstraße zu einem besonderen macht? Die dunkelgrüne Persiluhr. Moderne Begriffe wie „retro" oder „vintage" sind es, die einem bei ihrem Anblick durch den Kopf geistern. Und ein legendärer Satz – „Persil, da weiß man, was man hat. Guten Abend" –, den damals das Fernsehen noch in Schwarz-Weiß ausspuckte. Genau: Weiß. Die alles entscheidende Farbe. Für ein Waschmittel, das etwas auf sich hält. Und für die Dame, die dieses Produkt an den Mann und die Frau bringen sollte. 1922 erhielt der Berliner Karikaturist Kurt Heiligenstaedt den Auftrag, ein Plakat für Persil zu gestalten. Seine Muse: die siebzehnjährige Erna Muchow, eine „kleine Kesse" vom Prenzlauer Berg. Fünfunddreißig Reichsmark kostete das schneeweiße Kleid, das Erna zum weißen Florentinerhut trug. Ein Modell von der Stange. Und doch fortan das Markenzeichen der Weißen Dame von Persil. Rocklänge, Haarfarbe und Frisur wechselten. Doch das Prinzip überdauerte die Jahrzehnte. Auf Plakaten, Dosen, Emaille-Schildern. Und auf den berühmten Uhren, die zugleich als Reklametafel dienten. 1929 tat Lünen mit einer eigenen Persiluhr einen gewaltigen Schritt Richtung Großstadt. Die grüne Säule war der Treffpunkt für Verliebte schlechthin. Wenn man sich verabredete, dann an der „schlanken Mathilde", wie man Erna unbekannterweise getauft hatte. Bis 1942. Dann setzte der Krieg der Uhr de facto ein Ende. Nicht aber der Liebe der Lüner zu ihrer Mathilde. So groß, dass sie 1983 von der Firma Henkel mit einer neuen Persiluhr belohnt wurde.

Und was wurde aus Erna und Kurt? Nix. Erna heiratete einen anderen, trug fortan den Namen Webersitzky – und lebte bis 1988 zumeist unerkannt ein Hausfrauenleben in Berlin. Waschmittel, das ist sicher, gehörte zu ihrem Alltag. Ob es Persil war und wie weiß es wusch, ist nicht überliefert.

● Persiluhr, Münsterstraße 25, 44534 Lünen
● ÖPNV: Lünen Hauptbahnhof

Auf Muschelsuche

16 *Paddeln auf der Ruhr*

Sicher: Im Ruhrgebiet kann man vielerorts auf dem Wasser sein Glück finden. Auf der Ruhr, natürlich. Aber auch auf dem Kanal. An einem der vielen Seen. Oder im Tauchgasometer Duisburg. Und doch lässt sich ein ganz besonderer Glücksort in Sachen Wasser ziemlich genau verorten. Nämlich mitten auf der Ruhr, genauer: auf einem gar nicht so großen Teilstück zwischen den Essener Ortsteilen Kettwig und Werden. Zwei beschauliche Städtchen für sich, eingemeindet, doch nach wie vor von stolzer, trotziger Eigenständigkeit. Fachwerk und verwinkelte Gässchen sind nicht gerade das, was Touristen mit einer Großstadt wie Essen in Verbindung bringen. Und wahrscheinlich sind sie gerade deshalb so schön.

Der Weg zu diesem nassen Glücksort, er beginnt kurz vor den Toren Werdens – und zwar alles andere als beschaulich. Dort, wo an der Gustav-Heinemann-Brücke die lärmende B 224 auf die nicht minder lärmende Ruhrtalstraße trifft, wo die Geräusche des stets fließenden Verkehrs mit jenen des nahen S-Bahnhofes zu einer tosenden Kakophonie verschmelzen, dort führt eine nichtssagende Seitenstraße tief hinein ins Löwental. Doch dann, mit den nächsten drei, vier Schritten schwindet all das Grau, und der Lärm ist wie abgeschnitten. Hier fließt die Ruhr, ist die Welt noch in Ordnung. Wer die Natur des Ruhrgebiets kennenlernen will, der sollte dies stets auf Augenhöhe tun. Ja, Brücken, Panoramen haben ihren Reiz. Doch tief vom Wasser, vom Kanu aus, ist der Blick nun einmal ein anderer. Vielleicht sogar ein genauerer. Da blitzen die Muscheln im Wasser, entpuppt sich nicht jeder Vogel gleich als Ente, sind selbst die Fische größer als erwartet.

Und: Man hat es selbst in der Hand, ob man seinen Weg sportlich schnell zurücklegt oder einfach mal langsam macht. Der Stress? Parkt mit dem Auto unter der Brücke. Vom Wasser aus betrachtet zeigt sich das Revier von seiner entspannenden Seite. Grüner, als man denkt. Lebendiger, als es von der Straße aus scheint. Und der wissende Blick des entgegenkommenden Kanuten belegt, dass man mit diesem Glücksgefühl nicht allein ist.

ⓞ **ÖPNV: S-Bahnhof Werden**
ⓞ **An die Ruhr bei Werden führen mehrere Fußwege.**
Parkmöglichkeiten ergeben sich zum Beispiel im Löwental.

Anne Bude

17 *Der Kortländer Kiez in Bochum*

Es würde sich auch gut in Berlin machen, jenes alternative Ausgehviertel, das den schönen Namen Kortländer Kiez trägt. Aber es liegt mitten in der Bochumer Innenstadt – und das ist auch gut so, denn ohne Kortländer würde der Stadt und der Region tatsächlich etwas fehlen. Eine fantastische Eisdiele etwa. Eine ziemlich schräge Trinkhalle. Oder jenes Café, das gleichzeitig auch noch Bastelwerkstatt, Kleiderbörse und Vereinsheim ist.

Doch gute Geschichten sollte man von Anfang an erzählen: Am Abzweig von Herner und Dorstener Straße tragen Straße und Platz den Namen eines legendären Bochumer Bürgers. Ferdinand Kortländer war drei Jahrzehnte lang Wirt der Eckkneipe. 1913 war Schluss. Der Name ist geblieben. Heute ist der Kortländer Kiez multikulturell und stolz drauf, ohne groß auf dieser Selbstverständlichkeit herumzureiten. Der türkische Supermarkt gehört ebenso hierher wie das interkulturelle Crowdfunding-Unternehmen. Und das Kugelpudel. Hier serviert man das Eis auf Wunsch vegan und immer mit Geschmack. Frisch aus dem eigenen Eislabor, das so wunderbare Kreationen wie Honey Goat (Ziegenmilcheis mit Honig und Pinienkernen) hervorbringt.

Und wie jedes Viertel im Revier braucht auch der Kortländer sein eigenes Büdchen, pardon, seine eigene „Trinkhalle". Tom Gawlig richtete Letztere – warum einen komplizierten Namen suchen, wenn es so einfach sein kann? – 2014 in einem ehemaligen kurdischen Café ein. Ausstellungen und Vinyl-Partys gibt es hier ebenso wie Soleier und handverlesene Biere. Büdchen trifft es also nicht ganz. Zu niedlich.

Und dann wäre da noch das Café Eden. Hier ist der Name Prinzip, geht es doch darum, das persönliche kleine Paradies zu finden. Teil dessen: ein gleichnamiger Verein, dessen erklärtes Ziel die „Verschönerung der Welt" ist. Schnöde Vereinsmeierei war gestern.

Da passt es doch sehr gut, dass der Kiez 2015 ein erstes großes Nachbarschaftsfest feierte. Nicht als elitäres Szeneviertel. Sondern als Viertel, das alle glücklich machen will. Bewohner und Besucher.

••

⊙ Kortländer Kiez, Herner/Dorstener Straße/Am Kortländer, 44787 Bochum
⊙ ÖPNV: Straßenbahn 306, Niederflurbus 368, Haltestelle Brückstraße

Kühler Kopf und warme Füße

18 *Das Freizeitbad Heveney in Witten*

Entschlacken klingt jetzt nicht wirklich nach purem Glück. Aber wie so oft im Leben ist auch hier alles eine Frage der Sichtweise. Denn verbindet man das Wort „entschlacken" mit dem Wort „saunieren", dann ergibt sich quasi zwangsläufig eine Assoziationskette mit durchaus nennenswertem Glückspotenzial.

Damit, die mannigfachen Saunen im Revier aufzuzählen, ist es jetzt allerdings nicht getan. Mal ehrlich: Finnische Blocksauna geht auch im Schwarzwald. Stilecht schwitzt man im Pott dagegen beispielsweise in Witten. Im Freizeitbad Heveney bittet man regelmäßig zur Ruhrpott Saunanacht mit Event-Aufgüssen, Willkommensgeschenk und – Unterhaltungsprogramm. Wellness im Rundum-Sorglos-Paket bis morgens um ein Uhr. Wem das schon seltsam vorkommt, der sollte sich das entsprechende Plakat vielleicht gar nicht erst genauer anschauen. Denn das Maskottchen des Hauses, ein gezeichneter Seehund, macht sich vor der Kulisse eines waschechten Fördergerüstes gelinde gesagt etwas seltsam. Doch genug der Sticheleien. Kommen wir zu den Details. Und die sind der eigentliche Grund, warum Entspannung in Witten seine ganz eigene, ungemein sympathische Note hat. Da wäre zum einen die Stollensauna. Genau, richtig gelesen. Hier geht es nicht um Backwerk, sondern um Bergwerk, ganz wie es sich gehört im Revier. Und um die Tatsache, dass die achtzig bis fünfundachtzig Grad Celsius in dieser Sauna einem Stollen im Ruhrtal – der Wiege des Bergbaus – zu verdanken sind. Die Optik ist entsprechend authentisch: mit Lore, Kohle und Grubenholz. Und auch der Effekt ist unbestritten: Milde Erdwärme erwärmt hier ganz langsam den Körper. Eine Tatsache, die dem Kumpel unter Tage die Maloche zur Hölle gemacht hat, heute jedoch für himmlische Entspannung sorgt. Was auch für den Hevener Kegel gilt. Namentlich mit einem Ortsteil Wittens verbunden, fährt man hier das Prinzip „kühler Kopf und warme Füße": Aufsteigende Luft entweicht dem Flöz und erwärmt den roten Granit des Kegels. Saunieren auf Ruhrpott-Art. Geht doch.

Freizeitbad Heveney, Querenburger Straße 35, 58455 Witten
www.kemnadersee.de
ÖPNV: Niederflurbus 320, 375, Haltestelle Freizeitbad Heveney

Gutes von gestern

19 *Altes Dorf Westerholt in Herten*

Früher war alles besser. Kommt darauf an, möchte man antworten. Vieles vielleicht. Alles ganz sicher nicht. Eines der eindrücklichsten Beispiele für diese leicht verzwickte Situation: das Alte Dorf Westerholt in Herten. Eigentlich nur vierundsechzig alte, teils aus dem frühen 17. Jahrhundert stammende Fachwerkhäuser. Gleichzeitig aber noch viel mehr.

Um diesen kryptischen Hinweis zu verstehen, muss man nicht ganz bis ins Mittelalter zurück. Aber immerhin bis in die 1960er-Jahre. Wer damals als Stadtplaner etwas auf sich hielt, orientierte sich vor allem an zweierlei: „Beton" und „Zweckbauten". Zwei Worte, deren Folgen, wenn man es mal so nennen will, heute noch in vielen Ruhrgebietsstädten ihr Unwesen treiben. Kurzum: Das Alte Dorf sollte einer modernen Stadt weichen. Dachten sich die Stadtplaner. Ohne jedoch die Eigentümer mit in ihre Überlegungen einzubeziehen. Die weigerten sich – standhaft und erfolgreich. Und nach der Eingemeindung durch die Stadt Herten 1975 wurden die alten Häuser schließlich sogar unter Denkmalschutz gestellt und restauriert. Was auch, und hier drücken wir dann doch ein wenig auf die Tränendrüse, daran gelegen haben mag, dass der eigentlichen Hertener Altstadt ein solch rühmliches Ende nicht beschieden war.

Heute ist Herten stolz auf sein Altes Dorf und den historischen, durch das Schloss Westerholt geprägten Ortskern. Und das zu Recht. Wer hier bummelt, vergisst für eine Weile, dass er mitten in der Metropole Ruhr wandelt. Dabei liegt der Pott gleich um die Ecke: die Zeche Westerholt mit ihren Zechenbauwerken, Bahnanlagen und Verwaltungsgebäuden sowie den umliegenden alten Bergmannssiedlungen. Und wer sich noch ein wenig weiter hinaus ins Umland wagt, der findet sie dann doch, die modernen Bauten der 1960er- und 1970er-Jahre.

Also schnell wieder zurück. Und mitten hinein in die Vergangenheit, die sich etwa im Heimatkabinett im alten Café Oelmann bis ins Detail nachvollziehen lässt. Früher war alles – eben anders als heute.

◉ Altes Dorf Westerholt, Schloßstraße, 45701 Herten
www.herten-tourismus.de
◉ ÖPNV: Niederflurbus 211, 243, Bus SB 23, Haltestelle Schloßstraße

Hawaii mit Dressing

20 Crêpe & Baguette in Mülheim

Veränderungen sind etwas Gutes. In den meisten Fällen. Manchmal jedoch ist es besser, wenn alles so bleibt, wie es ist. Ein Motto, das jener kleinen Eckkneipe an der Duisburger Straße wie auf den Leib geschneidert scheint. Der Heimat von Crêpe & Baguette. Hier gibt es genau das: Crêpes und Baguettes. Seit …? Ach, immer schon. Und etwas anderes braucht es auch gar nicht, um glücklich zu sein.

Die Speisekarte ist seit Jahrzehnten die gleiche. Links die Baguettes (Thunfisch immer noch mit „h"). Rechts die Crêpes, süß oder herzhaft. Kommt was Neues dazu, reicht ein Zettel an der Wand. Einer der Klassiker: das Baguette Hawaii. Vegetarisch? Kein Problem, dann eben ein Hawaii ohne Schinken, dafür aber mit Dressing. Noch mehr Dressing. Denn das ist einfach göttlich. Selbst gemacht? Eingekauft? Schnurzegal, Hauptsache, es kommt genug davon aufs Brot.

Man pflegt das Prinzip der Selbstbedienung, obwohl die Nummer mit den Nummernzetteln und der digitalen Anzeige dann doch irgendwann wieder aufgegeben wurde. War irgendwie doch zu sehr Amt. Besteck und Servietten finden sich zentral vor dem uralten Kaffeeautomaten. Auf dem kurzen Weg dorthin bleibt der Blick an der Pinnwand hängen. Trennwand zur Crêpes-Station und Nachrichtenzentrale gleichermaßen: für Yoga, Konzerte oder die Hausaufgabenbetreuung von privat.

Fast Food? Gibt es woanders. Hier dauert es eine Weile, bis das Essen kommt. Und das ist auch gut so. Im Hintergrund dudeln Chansons, auf den Fensterbänken stapeln sich Bücher. Geistige Nahrung für alle, die warten. Oder allein zum Essen kommen. Schräg angeguckt wird hier niemand, nur weil er lesend und kauend am Tisch sitzt.

Ja, hier ist alles genau so, wie es ist, genau richtig. Alles ein wenig schummerig, alles ein wenig chaotisch, doch urgemütlich, freundlich und lecker. Hier bedarf es keines knallbunten Internetauftritts, um die Kundschaft zu informieren. Facebook pflegen allein die Fans, inoffiziell. Hier ist die Zeit stehen geblieben – was vor allem immer dann auffällt, wenn jemand zum Essen kein Buch zückt, sondern ein iPad.

··

Crêpe & Baguette, Duisburger Straße 51, 45479 Mülheim an der Ruhr
ÖPNV: Bus 122, 124, Haltestelle Rosendahl

Dem Revier sein Theater

21 Der Mondpalast in Wanne-Eickel

Sich noch genau an diese Single von damals zu erinnern, muss niemandem peinlich sein. Doch der Name des Interpreten sagt wohl nur echten Schlager-Experten etwas. „Der Mond von Wanne-Eickel" war einer der letzten Hits von Friedel Hensch und die Cyprys, einer Schlagercombo aus den Fünfziger- und Sechzigerjahren. Tatsache ist: Dieses Stück deutscher Musikgeschichte stand Pate bei der Namensgebung für den Mondpalast in Wanne-Eickel. Eigentlich wollte Prinzipal Christian Stratmann, der zuvor schon das Europahaus in Essen auf Zack gebracht hatte, die Idee eines Volkstheaters für das Ruhrgebiet ja in Gelsenkirchen verwirklichen. Der Name stand auch schon fest: Gelsenkirchener Barocktheater. Dann aber machte ihn jemand auf den ehemaligen Saalbau von Wanne-Eickel aufmerksam – und Stratmann verliebte sich sofort.

Gespielt werden hier unter anderem die allseits beliebten Ruhrgebietskomödien von Sigi Domke. Auch da kommen Erinnerungen hoch: „Freunde der italienischen Oper" im Freudenhaus-Theater Ende 1996 – das ist so ein Termin, an den sich ein damals noch junger Schreiberling für eine Essener Stadtteilzeitung noch lange erinnert. Die Mutter aller Ruhrpott-Komödien. Doch es sollte noch bis Anfang 2004 dauern, bis mit „Ronaldo & Julia" das erste reine Ruhrgebietsvolkstheater in Wanne-Eickel an den Start ging. Die von Shakespeare inspirierte Lovestory zweier Nachbarskinder im Spannungsfeld der beiden Religionsgemeinschaften Schalke und BVB. Wer damals wohl gewonnen hat? Natürlich: Christian Stratmann. Denn das Stück ist bis heute ausgezeichnet besucht. Es folgten weitere regionale Komödien von den „Senior-Ritas" bis zu „Wat ne herrliche Welt". Dass seine Bühne für Revierschwänke ein Dauerbrenner wird, hat nicht einmal Stratmann selbst geglaubt, doch mittlerweile dürfte man sich allmählich auf den einmillionsten Besucher zubewegen. Ja, er scheint dem Theater Glück gebracht zu haben, der Mond von Wanne-Eickel. Die B-Seite seinerzeit hieß „Was macht der Mann da auf der Veranda". Erstaunlich, dass der internationale Erfolg ausblieb. Wäre aber ebenfalls ein schöner Titel für eine Sigi-Domke-Komödie. Na, wie wär's?

· ·

Mondpalast, Wilhelmstraße 26, 44649 Herne
www.mondpalast.com
ÖPNV: Niederflurbus 328, 384, 397, Haltestelle Saalbau

Kurz vor Gracht

22 *Der Innenhafen von Duisburg*

Für Menschen, die am Niederrhein groß geworden sind, war Duisburg in Jugendjahren Sinnbild der großen weiten Welt. Vor allem das seit Anfang der 1990er-Jahre nach einem Masterplan von Sir Norman Foster umgebaute Hafenviertel hat alles, was ein Großprojekt braucht, um auch Jahrzehnte nach Fertigstellung im Gespräch zu bleiben.

Zum einen weil Duisburg auf dem Areal des Innenhafens eine städteplanerische Idee verwirklicht, die vielen Facetten eines lebenswerten Stadtraums eine Chance gibt. Das moderne Bürogebäude etwa – das so modern ist, dass es als „Office-Gebäude" fungiert – heißt Five Boats (weil es so aussieht) und findet seinen Platz neben zahlreichen umgebauten, denkmalgeschützten Speichern. Zum anderen, weil hier gerne mal ein Stück eines nicht fertig gebauten Museums in der Gegend rumliegt, bei dessen Bau alles schiefging, was schiefgehen kann.

Kurz: Spannend ist es hier immer. Als Bürostandort ist der Innenhafen fast ausgebucht, als Wohnort auch dank seiner Grachten heiß begehrt und als Gastromeile immer wieder überraschend. Hier ist tatsächlich alles ständig im Fluss. Und so ist es schwierig, über den Innenhafen zu schreiben, weiß man doch gar nicht, ob bei Erscheinen dieses Buches noch alles genauso ist wie während der Produktion. Gastronomie hat es überall schwer, doch an diesem Ort, der eine Menge Flair versprüht und an dem die Stimmung des Abends Weltklasseniveau erreicht, ist eine Fluktuation solchen Ausmaßes überraschend. Bei Redaktionsschluss waren das unter anderem gleich zwei Tapas-Läden (Bodega und Bolero, direkt nebeneinander), zudem Gastronomie-Ketten wie Vapiano, Mississippi und L'Osteria (die mit den Riesenpizzen, von denen man lieber nur eine halbe bestellen sollte), das Mongo's und das Chili's (diesmal zwei Asiaten direkt nebeneinander) und die Faktorei (Steaks und Burger). Und nicht zuletzt das Diebels am Hafen – denn hier in Duisburg beginnt jener Teil des Ruhrgebiets, in dem nicht nur Pils, sondern auch Alt getrunken wird. Glücklich, das ist sicher, wird im Innenhafen jeder. Es ist nur die Frage, wo.

· ·

Innenhafen Duisburg, Philosophenweg, 47051 Duisburg
www.innenhafen-duisburg.de
ÖPNV: Niederflurbus 934, Haltestelle Hansegracht

Immer wieder sonntags

23 „Harold & Maude" in der Galerie Cinema in Essen

Ein junger Mann inszeniert seinen Tod. Er dümpelt mit dem Kopf nach unten im Swimmingpool, sticht sich ein Messer in die Brust oder baumelt von der Decke. Alles nur ein düsterer Spaß. Doch dann verliebt er sich in eine Frau, die seine Großmutter sein könnte und die bald wirklich sterben muss – nicht ohne ihrem todessüchtigen Lover vorher zu zeigen, was Leben, was Glück ist. Hal Ashbys Film aus dem Jahr 1971 fand zunächst keinen deutschen Verleih, bis sich ein paar engagierte Kinos des makabren Werks erbarmten. Mit Erfolg. Von nun an stand „Harold & Maude" für das etwas andere Leben auf bundesdeutschen Kinoleinwänden: das Programmkino. Die meist jungen Macher staksten damals so fröhlich wie der langbeinige Bud Cort am Ende von Ashbys Meisterwerk durch unerforschte Filmlandschaften. Sie brachten die Marx Brothers nach Deutschland und machten den als trivial verschrienen Hitchcock salonfähig. In Essen dafür zuständig: Hanns-Peter Hüster mit seiner Galerie Cinema, dem kleinsten Filmkunsttheater Deutschlands.

Harold und Maude kamen am 6. Juni 1975 in Hüsters Heim – und liebten sich achtzehn Wochen lang vor ausverkauftem Haus. Und da ihre Beliebtheit nicht einmal vom Fernsehen wegzusenden war, fanden sie bald ihren festen Platz am Sonntagnachmittag. Und zwar an jedem Sonntagnachmittag. Seit damals. Bis heute.

Und tatsächlich passt dieser Film zum Kino wie die berühmte Faust aufs Auge: Das winzige Programmkino versteckt sich im Parterre eines ganz normalen Wohnhauses. Die ehemalige Kunstgalerie wurde 1971 zum Kinosaal umgebaut. Ein paar Stufen geht es runter, dann steht man vor einer roten hölzernen Eingangstür. Eine Kasse sucht man in dem kleinen Raum mit den dreiundvierzig Sitzplätzen vergeblich. Erst wenn alle Gäste auf den Plüschsesseln Platz genommen haben, bittet sie der Vorführer um die obligatorischen sieben Euro. Das Geld landet in seiner Schaffnertasche. Statt 3-D-Brillen gibt es Originalfassungen, Retrospektiven, Erstaufführungen. Und eben „Harold & Maude". Seit vierzig Jahren. Kein Ende in Sicht. Für Cineasten, die es kuschelig mögen.

▶ Galerie Cinema, Julienstraße 73, 45130 Essen, Harold & Maude immer sonntags, 16.30 Uhr,
Original mit deutschen Untertiteln
www.essener-filmkunsttheater.de
▶ ÖPNV: U11, Straßenbahn 107, Haltestelle Martinstraße, Bus 160, Haltestelle Paulinenstraße

Die Erfrischungsweiche

24 *Holgers Erzbahnbude in Gelsenkirchen*

Ohne Wetter kein Umsatz. Das Geschäftsprinzip von Holger Müller ist ebenso einleuchtend wie hart. Ist aber Wetter, dann brummt der Laden. Was am Standort von Holgers Erzbahnbude liegt: irgendwo hinter Behmers Hof an der Schnittstelle der Radwege Erzbahntrasse und Emscher Park Radweg. Mitten im Draußen also, und genau da gehört es auch hin. Dieses Mini-Büchen, an dem Bier zur Wurst gereicht wird ebenso wie Flickzeug oder ein neuer Schlauch für die Reifen.

Zwischen November und Ostern findet sich hier kaum mehr als ein verrammelter Container. Sobald der Frühling jedoch seine ersten zarten Bande knüpft – und sich das halbe Ruhrgebiet aufs Rad und die andere Hälfte auf die Socken macht –, tobt hier wieder das Leben, steht hier Drahtesel an Drahtesel. Ein Parkplatz also, mitten auf dem Radweg. Aber was für einer; denn still steht das Leben hier deswegen noch lange nicht. Bei Müllers treffen hochtourige Rennradler auf gemütliche Hollandrad-Schunkler, tauschen sich selbst ernannte Experten aus, fahren Liege-Räder oder futuristische Solar-Mobile vor, schnappen sich Inlineskater auf die Schnelle ein Eis und Spaziergänger den Sonntagnachmittagkuchen. Und das Sommer für Sommer, seit 2011 schon. Und Müller immer dabei. Wenn das Wetter stimmt. Wenn nicht, gibt er bei Facebook eine schnelle „Wasserstands-Meldung" – und macht dicht. Zu lange allerdings kann er sich das nicht erlauben; dafür ist seine Fangemeinde zu ungeduldig und drängt dann, mit Verweis auf den Wetterbericht, schon einmal freundlich auf kurzfristige „Wiedereröffnung".

Ohne Erzbahnbüchen, so scheint es, ist die Rad-Saison im Revier keine echte. Dabei stammt Müller noch nicht einmal aus dem Ruhrgebiet. Hamburg ist seine eigentliche Heimat, hier jobbte er jahrelang als Fahrradkurier. Was die Richtung erklärt, die sein berufliches Leben nahm. Den Standort seines Büdchens entdeckte Müller übrigens spontan, per Unfall, um genau zu sein: Er fiel vom Rad – und fand sein Paradies. Und nicht nur seins: Die Liegestühle vor seiner Bude sind fix rappelvoll. Wenn Wetter ist.

⊙ **Erzbahnbude – Müllers Radstation auf der Erzbahntrasse, hinter Behmers Hof, 45886 Gelsenkirchen**

Wasserturm mit Loch

25 *Die Camera obscura in Mülheim*

Was macht man mit einem Wasserturm, den keiner mehr braucht? Man reißt ihn ab. Oder aber man installiert in seiner Kuppel die größte Camera obscura der Welt. So geschehen in Mülheim an der Ruhr im Rahmen der Landesgartenschau (MüGa) im Jahre 1992. Schön, dass man sich damals für diese Variante entschied, denn schon von außen macht er eigentlich was her, dieser alte Wasserturm in Broich, der einst der Versorgung von Dampflokomotiven diente. Sein Standort zwischen Ruhrtalbahn, Rheinischer Bahn und dem Verbindungsgleis Speldorf-Broich war dafür optimal gewählt. Doch wo kein Rauch, ist auch kein Wasser, könnte man behaupten – und auf den Niedergang der Dampflokomotiven folgte für unseren Turm unweigerlich das Altenteil.

Bis ihn ein Prinz namens Strukturwandel wachküsste, brauchte es eine Weile. Und auch seine volle Bedeutung für Stadt und Region erlangte der Broicher Wasserturm erst nach und nach – und nach einigem Ringen. Denn allein mit einer Camera obscura, selbst mit der größten der Welt, lassen sich die Massen auf Dauer nicht begeistern.

Was der überdimensionalen „Lochkamera" nicht gelang, schaffte glücklicherweise das bewegte Bild. Genauer: das Museum zur Vorgeschichte des Films, das 2006 in den Wasserturm einzog. Aufbauend auf der Sammlung „S" von KH. W. Steckelings finden sich hier über tausend Exponate aus der Zeit von 1750 bis 1930, die gemeinsam die faszinierende Geschichte des Films und der Fotografie erzählen. In Schattenspielen, Faltperspektiven, Transparenzen, mit Laternae Magicae, komplizierten Kaleidoskopen und simplen Guckkästen. Zungenbrecher wie Thaumathrop und Phenakistiskop sieht und versteht der Besucher hier vielleicht zum ersten Mal in seinem Leben. Und dazu ist es doch da, das Museum an sich. Damit man etwas lernt. Und Freude hat an oftmals ganz simplen Konstruktionen, die heute jedes Smartphone in den Schatten stellt.

Das Thema Wasser hat in Mülheim übrigens in Styrum sein eigenes Museum gefunden: das Aquarius Wassermuseum. Ebenfalls in einem Wasserturm. Wo auch sonst?

- Camera obscura mit dem Museum zur Vorgeschichte des Films, Am Schloß Broich 42,
45479 Mülheim an der Ruhr
www.camera-obscura-muelheim.de
- ÖPNV: Bus 122, 124, Haltestelle Rosendahl

Perfekt unperfekt

26 *Das Unperfekthaus in Essen*

Während alle Welt den Anspruch pflegt, perfekt sein zu wollen, hat sich in Essen ein Mann einem ganz anderen Ziel verschrieben. Reinhard Wiesemann will aufmerksam machen: auf Essens unterschätzte Nordstadt etwa. Lange Zeit ein Schandfleck, entsteht hier derzeit die neue grüne Mitte der Stadt. Gleich nebenan: die Uni. Wohl mit ein Grund, warum in der Nordstadt vor allem junge Kreative aktiv sind. Das pulsierende Herz dieser Bewegung, es schlägt in Wiesemanns Unperfekthaus. Kurz: UpH. Zugegeben: Es wirkt vielleicht ein wenig „eingequetscht", wie es da so liegt, zwischen der City und dem bulligen Einkaufszentrum Limbecker Platz. Zentraler jedoch als an der Friedrich-Ebert-Straße geht es kaum. Ein Hort für Existenzgründer, zugleich aber auch ein Restaurant, eine Eventlocation, ein Theater und Proberaum, ein Atelierhaus und ein einfaches WG-Hotel. Dass das ungleich teurere Unperfekthotel gleich nebenan liegt, ist Teil des Konzeptes: Kreative hier, Geschäftswelt da. Was nach spinnefeind klingt, fördert Synergien.

Wie auch das Unperfekthaus selbst. Eingecheckt wird zentral an der Theke, gleich rechts vom Büfett. Hier gibt es Kuchen, fehlende USB-Adapter und die alles entscheidende Verzehrkarte, nach der stundenweise oder pro Tag abgerechnet wird – und die den Zugang zum WLAN-Netz des Hauses und zu den kostenlosen Getränkestationen ermöglicht. Bodenlos Kaffee ist im Unperfekthaus Prinzip. Ach, das Haus. Tatsächlich entpuppt sich das ehemalige Franziskanerkloster, dessen verschachtelte Bauweise auf wahres Gottvertrauen schließen lässt, als echter Alptraum für Orientierungslose – und als viertausend Quadratmeter großes Paradies für Entdecker. Man muss nur um die nächste Ecke biegen. Wurden in dem einen Raum gerade noch alte Disketten zu neuen Kunstwerken verarbeitet, streift man plötzlich das Atelier des Ruhrstadtmalers Ariyadasa Kandege oder platzt in der einstigen Krypta in eine Theaterprobe. Stören tut's keinen. Dieses Haus ist ein offenes. Hier darf sich jeder frei bewegen. Denn darum geht's: einander, das Quartier, vielleicht sogar sich selbst zu entdecken. Ein Glück, dass es so etwas noch gibt.

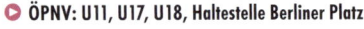

● Unperfekthaus, Friedrich-Ebert-Straße 8, 45127 Essen
www.unperfekthaus.de
● ÖPNV: U11, U17, U18, Haltestelle Berliner Platz

Dem Himmel so nah

27 *Halde Rheinelbe in Gelsenkirchen*

Haldenkunst, Kunst auf künstlichen Bergen, ist eines von den Dingen, die das Ruhrgebiet so einzigartig machen. Alles frei nach dem Motto „umsonst und draußen", ein Leitspruch, den man im Revier auch ansonsten gerne und oft pflegt. Damit jeder was davon hat. Vor allem, wenn es darum geht, dem Himmel nah zu sein.

Das beispielsweise funktioniert auf der Bergehalde Rheinelbe in Gelsenkirchen. Deren „Schokoladenseite" allerdings weist gen Wattenscheid und Leithe. Aber wen stört das schon wirklich?

Hier hat der Recklinghäuser Landschaftskünstler Herman Prigann gewirkt – und den „Abfall" des Industriezeitalters zum Kunstwerk erhoben. Dies geschah gezielt auch über die Kombination mit Naturmaterialien. Denn wo das eine endet – der industrielle Alltag –, konnte das andere – die Natur – wieder ungehindert Fuß fassen. Priganns Arbeitsmaterialien waren Baumstämme ebenso wie Schwellenhölzer. Er nutzte Kies und Schlacken, formte tonnenschwere Beton- und Eisenteile zu Toren, Steinkreisen, Behältnissen oder Türmen. Archaische Kunstwerke verteilt überall auf dem Gelände. Ein Skulpturenwald inmitten eines wild nachgewachsenen Industriewaldes. Nicht immer gleich als Kunst zu verstehen. Oft zunächst als liegen gebliebene Überreste, als Ruinen von gestern interpretiert. Es bedarf eines zweiten Blickes. Doch das ist auch gut so.

Im Süden des Areals dann, mitten im Aufstieg auf das fünfunddreißig Meter hohe Top, ist plötzlich Schluss mit Grün. Grau und karg lässt eine Schotterebene Raum für das imposanteste Kunstwerk dieser Halde. Zum Himmel führt eine Treppe. Wortwörtlich.

Fünfunddreißig Betonquader, Fundamentreste eines früheren Zechengebäudes, bilden weit oben über dem Revier Priganns Himmelstreppe. Mächtig, mehrdeutig – und selbst längst schon Leinwand für Sprayer und „Notizblock" für Verliebte. Was der Wirkung keinen Abbruch tut. Im Gegenteil: All das zeugt nicht zuletzt davon, wie viele Menschen hinauf auf diese Halde finden. Eine Halde, die ohne Kunst vielleicht nicht viel mehr wäre als ein Berg aus dem Abraum der Vergangenheit.

● Halde Rheinelbe, Leithestraße, 45886 Gelsenkirchen
● ÖPNV: Bus 389, Haltestelle Halfmannsweg

Neue Energie

28 *Der Gesundheitspark Quellenbusch in Bottrop*

Zwischen Knappschaftskrankenhaus Bottrop und dem Revierpark Vonderort gibt es einen Ort, der auf ganz eigene Weise als Verbindungslinie zwischen Gesundheit, Freizeit und Wellness fungiert.

Am südwestlichen Rand der Stadt entstand 1992 der Gesundheitspark Quellenbusch; eine vierzig Hektar große Grünanlage, in der sich Aspekte eines Kurparks und die eines Landschaftsgartens miteinander vereinen. Ein Rückzugsort, der – trotz seines Namens – allen, nicht nur kranken Menschen, offensteht und der sein ganz eigenes Wahrzeichen hat: eine aus einhundertzwanzig Jahre altem Lärchenholz errichtete Gesundheitspyramide. Kleiner sicherlich als Bottrops Tetraeder und dennoch beeindruckend. Was übrigens auch für die Energiespirale und das Bewegungslabyrinth gilt.

In diesem Park geht es um Heilen im Sinne von Ganzwerden, und die wichtigste Rolle in diesem Prozess übernimmt die Natur selbst. Wie vielfältig diese Hilfestellungen sein können, demonstriert der umfangreiche Apothekergarten, in dem die Beete nach Krankheitsbildern angelegt wurden, vielleicht auf schönstmögliche Weise. Er gehört zum nahen Gesundheitshaus, das den Park gezielt in sein Therapieangebot im Bereich Ernährungsberatung einbaut. Schließlich fördert ein Park die Bewegung – und Bewegung fördert das Abnehmen.

Darüber hinaus will die Anlage gezielt die Sinne ansprechen, beispielsweise mit einer „Lichtung der Düfte und Farben" und im Meditationsgarten. Und nicht zuletzt: Wasser. Der Name Quellenbusch gibt es vor. Kneippanwendungen zur Stärkung des Immunsystems gehören, ganz typisch, zur Wassertherapie. Aber auch ein Hydroionisator, der über einen feinen Wassernebel die Luft mit negativen Ionen anreichert.

All dies ist wohltuend, ganz ohne Frage, und fördert die Gesundheit. Gleiches leistet jedoch auch ein „einfacher" Spaziergang über das Areal. Vielleicht mit einem Stopp unter der Gesundheitspyramide. Ja, sie ist kleiner als der Tetraeder und lässt sich nicht erklimmen. Ein Glücksgefühl vermittelt sie trotzdem. Auf ihre Weise.

● **Gesundheitspark Quellenbusch, Osterfelder Straße 159, 46242 Bottrop**
● **ÖPNV: Bus 264, Schnellbus 91, Haltestelle Knappschaftskrankenhaus**

Sanftes Plätschern

29 *Der Phoenix-See in Dortmund*

Stahl, Kohle und Bierproduktion – all das gibt es sämtlich nicht mehr in Dortmund. Unvergessen ist der Moment, als das Stahlwerk Phoenix-Ost 2001 stillgelegt und von Chinesen in Einzelteilen nach Asien verschifft wurde. Das stolze Werk verschwand, und an seine Stelle trat der idyllische Phoenix-See – viel mehr als nur ein weiteres Symbol des Strukturwandels im Ruhrgebiet. Man mag über die Entwicklung des Stadtteils Hörde einiges zu sagen und vor allem einiges daran auszusetzen haben. Kritiker beklagen die hohen Kosten und sprechen von Gentrifizierung – so nennt man es, wenn die ärmere, sozial schwächere Bevölkerung durch Besserverdienende aus ihren Stadtteilen verdrängt wird. Doch eines kann man nicht leugnen: Schön ist es hier. Sanfte Wellen plätschern ans Ufer, ein kleines Segelboot fährt den Hafen an der Hörder Burg an, und noch kleinere Modellboote ziehen ihre vom Land aus gesteuerten Kreise. Familien mit Kindern beim Sonntagsspaziergang, Jogger und Radfahrer bei einer lockeren Runde, Gastronomie mit Seeblick für die Pause zwischendurch. Die Emscher verläuft heute rings um den See, ohne ihn zu berühren, und das in einem naturnah gestalteten Bachbett. Experten loben, dass es damit gelungen ist, ein Fließ- und ein Stillgewässer mit ihrer jeweils ganz eigenen Tier- und Pflanzenwelt in direkter Nachbarschaft entstehen zu lassen.

Sicher, der See ist so künstlich wie der steile Hügel, auf dem es nichts gibt außer der Aussicht. Und am Ufer reihen sich nicht nur die Häuser für die Gutsituierten, sondern auch die Baukräne. Dennoch: Am Phoenix-See liegt Urlaub in der Luft. Was auch damit zusammenhängt, dass es, anders als beispielsweise am Essener Baldeneysee, gelungen ist, den allsommerlichen Kampf zwischen Fußgängern und Radfahrern – und den Inlineskatern, die, Irrläufern gleich, nicht wissen, zu welcher dieser beiden Gattungen sie gehören – zu vermeiden. Man hat die Wege strikt voneinander getrennt und zudem gleich noch einen Grünstreifen dazwischengelegt, damit sich niemand verläuft. Fern der Hektik der Großstadt kann hier jeder sein Tempo selbst bestimmen. Auch das trägt zum Glück bei.

● Phoenix-See, Dortmund
● ÖPNV: Bus 440, Haltestelle Bickestraße

Ein kleiner Italiener

30 Mimi e Rosa in Duisburg

Dell-/Ecke Düsseldorfer Straße, der Eingang zu Duisburgs Szeneviertel. An der Ecke ein Büdchen. Direkt daneben, Hausnummer 36, ein hochgeschobenes Fenster. Und dahinter: vielleicht Duisburgs ungewöhnlichster Italiener. Vielleicht sogar der kleinste der Stadt. Zwei Schritte – und man steht an der Theke; sechs mehr, und das Lokal ist fast schon wieder zu Ende. Wer sagt eigentlich, dass tolle Restaurants immer riesengroß sein müssen?

Mimi e Rosa bietet Platz für etwas mehr als zwanzig Gäste gleichzeitig. Pi mal Daumen. Und wenn alle zusammenrücken. Freitags können es auch schon mal ein paar mehr werden – die stehen und sitzen dann auch draußen. Und manchmal müssen auch einige wieder gehen.

Die Anfänge waren noch kleiner: Zunächst spielte sich alles in einem Raum ab. Sitzgelegenheiten für zwei, drei an der Theke mit Blick auf die kleine Küchenzeile. Weitere sechs Gäste hockten sich an die beiden Tischchen. Das war's. Keine Toilette. Kein Spielraum. Aber auch damals schon das geöffnete Fenster zur Straße. Um der Kommunikation willen. Gute Gespräche. Gutes Essen. Glück geht schließlich auch durch den Magen. Die Spezialität des Hauses: erlesener Kaffee und klassische italienische Trattoria-Küche. Vor allem: ligurische und piemontesische Spezialitäten. Drei bis sechs Gerichte, zwei Pasta-Variationen und Risotto, ein Fleisch- oder Fischgericht, freitags schon mal ein bisschen mehr, stehen regelmäßig auf der Karte. Kulinarische Highlights: ligurische Fischsuppe und Pesto aus grünen Bohnen und Kartoffeln, ganz wie in Genua. Das schmeckt den Mitarbeitern des nahen Lehmbruck Museums ebenso wie dem typischen Dellviertel-Gast: jung, aufgeschlossen und prinzipiell ziemlich entspannt.

Der Knackpunkt: die Öffnungszeiten. Lediglich dienstags bis donnerstags zur Mittagszeit und freitagabends hat das Mimi e Rosa geöffnet. Bisweilen am Samstag. Ein Zugeständnis des Küchenchefs Felix Rahne an die Familie und seinen eigentlichen Job als Architekten. In diesem Dreiklang hat er sein ganz persönliches Glück gefunden.

• •

Mimi e Rosa, Dellstraße 36, 47051 Duisburg
www.facebook.com/mimierosa
ÖPNV: Niederflurbus 921, 923, 928, 933, 939, Haltestelle Lehmbruck Museum

Welterbe am Tellerrand

31 *Zollverein 3/7/10 in Essen*

Zollverein: Das ist mehr als das UNESCO-Welterbe, als Schacht XII und die Kokerei. Tatsache ist: Das Zollverein-Gelände in Essen ist weitaus größer, als viele zu wissen meinen. Auch die Schachtanlage 3/7/10 ist Teil des Komplexes, liegt allerdings etwas abseits der Hauptroute. Weithin sichtbar ist jedoch auch hier ein eigenes Fördergerüst. Nicht so berühmt wie der Doppelbock, kein Wahrzeichen einer ganzen Region. Doch ein Ort von ganz eigener Qualität.

Was zum einen am Phänomania Erfahrungsfeld liegt, das in der ehemaligen Fördermaschinenhalle beheimatet ist. Frei nach Hugo Kükelhaus und zugleich im Stil eines modernen Science Centers geht man hier der Welt der Wissenschaft und der menschlichen Sinne nach. Interaktiv, experimentell und spannend.

Eine Beschreibung, die auch auf so manche zwischenmenschliche Verbindung zutreffen mag. Und so wundert es nicht, dass auf 3/7/10 auch gern und oft geheiratet wird. In echter Industriekulisse, mitten in den Ausstellungsräumen. Vieles andere ist echten Ruhrpott-Pflanzen da viel zu alltäglich. Den ersten Schritt gen Hochzeit macht so mancher übrigens stilecht mitten auf dem Fördergerüst. Einhundertsechzig Stufen führen hinauf. Wer hier den Verlobungsring unten liegen lässt, braucht Kondition. Die Kulisse für einen Antrag jedoch ist sicherlich einmalig.

Ein Umstand, auf den man auf Schacht 3/7/10 vor einer Weile mit einem ganz besonderen Glücksangebot reagiert hat. Nicht nur, um Heiratsanträgen einen dem Ruhrgebiet angemessenen Rahmen zu verleihen. Auch einfach so. Für schöne Tage, die nach etwas Besonderem verlangen. Nach einem Picknick auf dem Fördergerüst etwa. Ausgestattet mit einer Flasche Sekt und einem vom hauseigenen Café Zollverein gut gefüllten Picknick-Korb hat man auf fünfunddreißig Metern Höhe die Welt zwei Stunden lang für sich. Wer den Blick bei dieser Gelegenheit zumindest zeitweise von seinem Gegenüber lassen kann, mag übrigens das Welterbe Zollverein entdecken. Das liegt bei diesem nachbarschaftlichen Blick „aus dem Fenster" quasi idyllisch am Tellerrand. Perfekt.

Zollverein Schachtanlage 3/7/10, Am Handwerkerpark 8–10, 45309 Essen
www.schacht3710.de
ÖPNV: Niederflurbus 154, 348, Haltestelle Huestraße

Mann mit Knete

32 *Die Konditorei Sindern in Recklinghausen*

Ein Schwein ist nicht einfach ein Schwein. Schon gar nicht, wenn es aus Marzipan gemacht ist. Auf die richtigen Mandeln kommt es an, und natürlich auf eine gute Portion handwerkliches Können. Und Andreas Sindern versteht sein Handwerk – nicht ohne Grund betreute er schon als Nationaltrainer die deutsche Konditoren-Equipe. Ja, auch das gibt es.

Doch zurück ins Revier und mitten hinein in die Konditorei Sindern in Recklinghausen. Draußen vor der schweren Eisentür liegt das Industriegebiet von Recklinghausen mit seinen großen Hallen, dem Mief von Arbeit und dem Lärm der Geschäftigkeit. Das alles bleibt draußen. Hier drinnen riecht es wohlig süß, und das Auge wandert glücklich von kleinen bunten Fröschen, Enten oder Elefanten hin zu einem Tisch, der übersät ist mit roten Rosen und Herzen. Kunstwerke aus feinstem Marzipan und zart schmelzender Schokolade aus eigener Herstellung, die auf einen Käufer warten. Wenn es je einen Ort gab, der die Bezeichnung Zuckerbäckerei verdient, dann dieser.

Der Mann, der hier mit Marzipan regelrecht jongliert, bezeichnet sich selbst als „Schokoholiker" oder auch als den „schnellsten Modellierer der Welt". In Kursen gibt er sein Wissen weiter. Die heißen „Schokoladiges" oder auch „Tortenschlacht" und vor allem: „Dekorieren mit Marzipan". Und was er da vorführt, grenzt für den Laien an Zauberei. Alles beginnt ganz einfach – mit Marzipan, das er aus kleinen Fächern holt, schön nach Farben sortiert. Rot, blau, grün, gelb, orange, braun. Das wird gerollt und in Stücke geschnitten. So weit, so gut. Wenn dann aber aus der einen Kugel blitzschnell Häschen-Ohren wachsen und aus einer anderen nicht weniger schnell der Häschen-Körper wird, steht den Zuschauern schlicht der Mund offen.

Sindern selbst findet das alles übrigens gar nicht so spektakulär. Früher, sagt er, wurde ein Marzipan-Bär aus zehn Einzelteilen hergestellt – er benötigt nur vier. Und kann den Bären genau so modellieren, wie er ihn will. Ob er nun stehen, sitzen, liegen oder tanzen soll. Das Glück ist manchmal eben ganz schnell bei der Sache. Willkommen im Schlaraffenland.

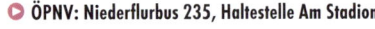

Konditorei Sindern, Am Stadion 27, 45659 Recklinghausen
www.konditorei-sindern.de
ÖPNV: Niederflurbus 235, Haltestelle Am Stadion

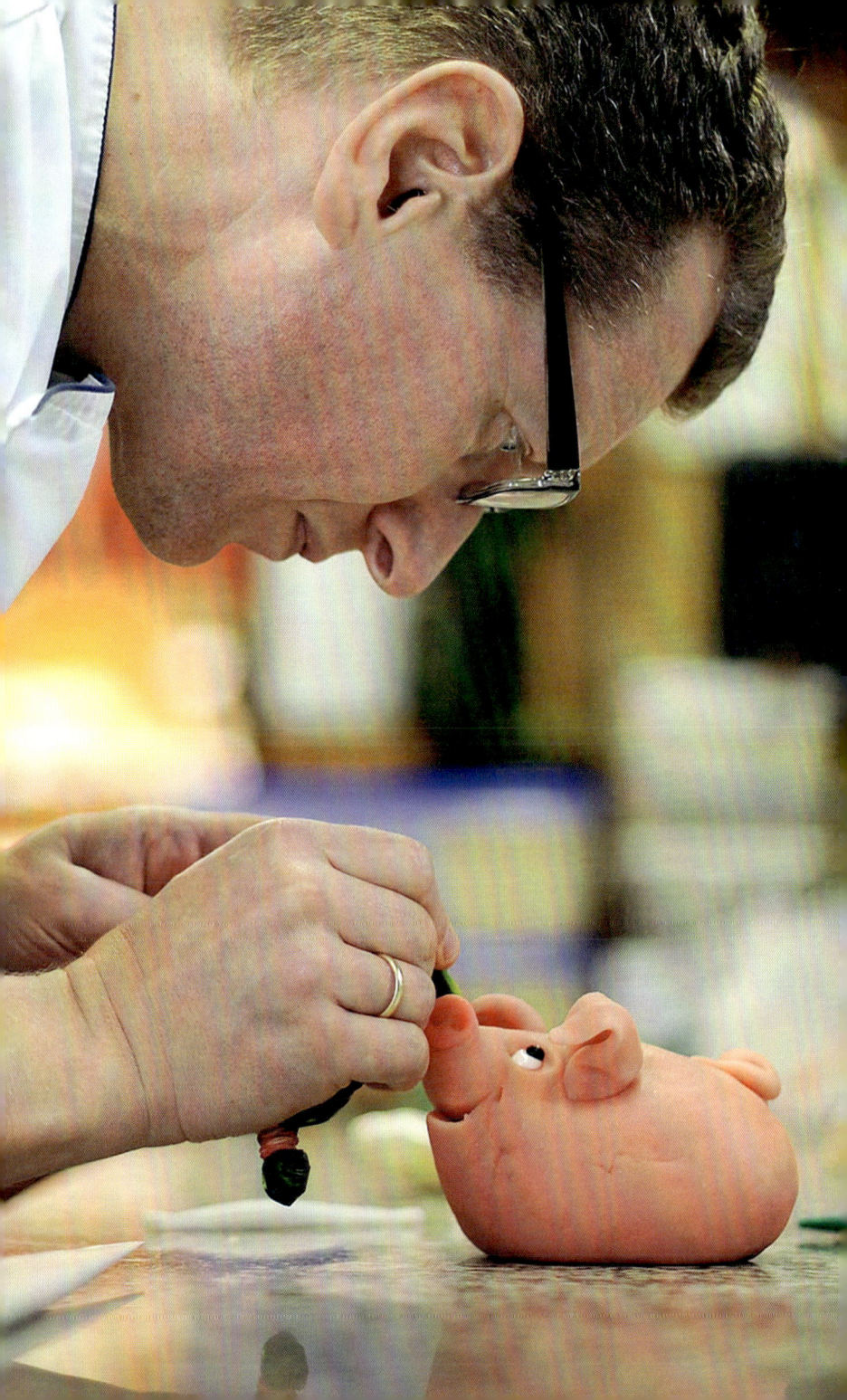

Gut abgeschnitten

33 Ein Blumenfeld in Bottrop

Ja, es gibt sie noch. Jene kleinen Glücksorte am Wegesrand, auf die man mehr oder minder per Zufall trifft. Ganz nebenbei und unerwartet. Auf dem Rückweg zum Beispiel. Etwa vom Movie Park in Bottrop-Kirchhellen. Durchaus auch ein Glücksort, auf seine eigene Art. Einer jedoch, der vor allem am Wochenende immens gefragt ist. Und meist schon mit einem Stau an der Autobahnausfahrt beginnt.

An so einem Tag, nach langen Stunden in Warteschlangen, nach Gedrängel und Gedrücke, der Kopf ganz leer von der Achterbahn, die Ohren noch voll von Hunderten Stimmen, suchen sich zwei Erwachsene und zwei Kinder – eingepfercht in einen Kleinwagen, jede Menge Erschöpfung inklusive – den Rückweg „über Land".

Und dann bleibt der Blick plötzlich an einer dunkelroten Dahlie am Wegesrand hängen. An strahlend gelben Sonnenblumen in Reih und Glied. Und an einem kleinen hölzernen Verschlag. Der Blumenhof Berger hat hier seine Felder und bietet „Blumen zum Selberschneiden". Nun: Manchmal muss man für sein Glück auch mal auf die Bremse treten. Aussteigen. Sich eines der ausgelegten kleinen Messer, Pittermesser nannte die Oma sie immer, schnappen – und Blumen pflücken. Frisch vom Feld.

Das Ergebnis hat mit den durchgestylten Sträußen des Floristen nicht viel zu tun. Das Ergebnis ist bunt, durcheinander, keinesfalls von einheitlich zurechtgestutzter Größe – und überraschend fröhlich. Jeder pflückt, was ihm gefällt. Das Berger'sche Konzept: „Wenn der Himmel eintönig grau ist, kann man sich zumindest etwas Farbe ins Haus holen." Stimmt. Das Geld für diesen „natürlichen Farbklecks" – sechzig Cent pro Blüte für eine Sonnenblume, vierzig Cent pro Stiel für eine Dahlie – landet in einer kleinen Box. Ehrlichkeit als Prinzip. Schön, dass das noch funktioniert. In Folie? Wird hier nichts verpackt; der Strauß geht mit, wie er ist. Das Glück vom Wegesrand hält sich zu Hause in der Vase. Das Lächeln hält sich im Gesicht; bei jedem Blick auf den bunten Strauß. Ein Familienwerk. Selbst gepflückt.

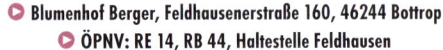

● Blumenhof Berger, Feldhausenerstraße 160, 46244 Bottrop
● ÖPNV: RE 14, RB 44, Haltestelle Feldhausen

Musik-Kanal

 34 *Das Amphitheater im Nordsternpark Gelsenkirchen*

Fällt der Name Nordstern, ist schnell vom „kleinen Bruder von Zollverein" die Rede. Doch damit tut man der ehemaligen Zechenanlage direkt am Rhein-Herne-Kanal in Gelsenkirchen vielleicht etwas Unrecht. Denn im Zuge des Strukturwandels ist hier etwas ganz Eigenes entstanden, das den Vergleich wahrlich nicht zu scheuen braucht. Ein „Naherholungsgebiet mit Mehrwert", zumindest im nüchternen Behördendeutsch. Tatsächlich jedoch ein Glücksort von ganz eigener Qualität.

Als Erbe der vielleicht ungewöhnlichsten Bundesgartenschau der Neunzigerjahre ist Nordstern, ist der Nordsternpark, mehr als nur eine gewöhnliche Grünanlage. Verschiedene Landschaftstypen ergänzen sich mit den ehemaligen Zechengebäuden, mit Kinderland, Kletterfelsen, Fahrradvermietung, Schiffsanleger, Märklin-Modellbahnanlage und noch so einigem mehr zu einem Gesamtkunstwerk. Nicht zu vergessen: die tatsächliche Kunst, Markus Lüpertz' „Herkules von Gelsenkirchen" etwa. Oder jenem Ort unweit der beeindruckenden Doppelbogenbrücke, der die Musik nach Nordstern und an den Kanal brachte: das Amphitheater. Eine schöne Bezeichnung für einen schönen Ort, vielleicht jedoch ein wenig elitär. Für viele heißt das Amphitheater daher immer noch so, wie man es anfangs nannte: Kanalbühne. Klingt ehrlicher, klingt nach Ruhrgebiet – und trifft den Nagel auf den Kopf, respektive den richtigen Ton. Denn darum geht es hier am Rhein-Herne-Kanal, dort, wo einst die Kohlefrachter beladen wurden: um Konzerte ganz besonderer Art. Huey Lewis war hier. Meat Loaf gab hier eines seiner letzten legendären Konzerte. Alles beinahe schon in privatem Rahmen, denn Platz ist hier lediglich für sechstausendeinhundert Menschen. Direkt vor der Bühne. Und ein paar Dutzend andere, die im Nordsternpark, auf der anderen Kanalseite, von kleinen Booten aus zuhören, ohne etwas zu sehen. Aber darauf kommt es manchmal auch nicht an.

Obwohl: Sie ist schon ein fantastischer Anblick, diese Bühne, die auf dem Wasser zu schwimmen scheint. Und wenn dann noch beim richtigen Song ein Kanalschiff vorbeizieht, ist der Augenblick perfekt.

· ·

Amphitheater Gelsenkirchen, Grothusstraße 201, 45883 Gelsenkirchen
www.amphitheater-gelsenkirchen.de, www.nordsternpark.info
ÖPNV: Niederflurbus 383, Haltestelle Krokuswinkel

Für Sternengucker

35 *Die Halde Hoheward in Herten*

Manchmal ist es ein wenig mühsam, sich dem Glück zu nähern. Was das Gefühl dann aber nach getaner Arbeit umso intensiver erscheinen lässt. In diesem Fall manifestiert es sich in einem Sonnenuntergang, genossen am besten von einem der zahlreichen Ruhrgebietsgipfel. Denn wer sich auch noch den viel beschworenen Strukturwandel zu Gemüte führen möchte, der besteige im Revier eine Halde. Die erkennt man heutzutage daran, dass irgendwer irgendwas draufgestellt hat: eine Bramme, eine Skihalle, Totempfähle oder auch ein Horizont-Observatorium. Letzteres ist auf der Halde Hoheward in Herten zu finden. Wer den Gipfel erklimmen will, muss zunächst jedoch einiges an Höhenmetern unter sich lassen. Das kann an anderen Halden durch Treppen erleichtert werden – hier nicht. Hier geht es serpentinenmäßig bergauf. Ein fester Orientierungspunkt: die beiden Metallbögen, die vom Gipfel in den Himmel ragen – das Observatorium. Beim Aufstieg kreisen die Gedanken um die alten Maya, die bekannt für ihre Observatorien waren. Doch Herten liegt nicht in Mittelamerika, was sich schon daran zeigt, dass diese Bögen aus Sicherheitsgründen bisweilen von Zäunen umschlossen sind. Das aber soll unserem Glücksgefühl keinen Abbruch tun. Wir wollen ja den Sonnenuntergang genießen.

Dazu müssen wir allerdings wissen, wie spät es ist. Zufälligerweise wirft gleich neben dem Horizont-Observatorium ein knapp neun Meter hoher Obelisk aus Edelstahl seinen Schatten auf eine kreisrunde Fläche. Ihr Durchmesser: satte zweiundsechzig Meter. Seine Funktion: Zeiger einer Sonnenuhr. Natürlich nur am Tag.

Zum magischen Ort wird das Amphitheater für Sternengucker, sobald sich die Bögen im Licht der tief stehenden Sonne vom Horizont abheben. Dort oben leuchten die Sterne, und unten leuchten wir – besser gesagt: das Ruhrgebiet im Lichte seiner Werke und Innenstädte. Noch ein Tipp: Wollen Sie sich das Glücksgefühl bewahren, dann achten Sie – anders als der Autor dieser Zeilen – darauf, dass Sie auf der richtigen Seite wieder hinabsteigen. Denn auf einer Halde kann es ganz schön dunkel werden.

● Besucherzentrum Hoheward, Werner-Heisenberg-Straße 14, 45699 Herten
www.route-industriekultur.de
● ÖPNV: Niederflurbus SB 27, Haltestelle Bergwerk Ewald 1/2

Schüsselweise Glück

36 Luck in a Cup in Essen

Das Glück, es passt in Essens Szeneviertel Rüttenscheid sogar in eine Schüssel. Was heißt in eine? In jede Menge Schüsseln, besonders schöne noch dazu. Und weil die besten Namen manchmal die offensichtlichsten sind, heißt der Laden so wie das Prinzip, nach dem gearbeitet wird: Luck in a Cup. Und in besagte Schüsseln kommt „Asian Cuisine – European Touch". Will sagen: Wiener Schnitzel mit japanischem Kartoffelsalat oder geschmorte Rinderroulade mit eingelegtem Ingwer und Rettich. Klingt nicht nur gut, schmeckt auch großartig. Für Vegetarier und Veganer übrigens wahlweise mit Tofu oder Dattelbällchen. Hauptsache lecker. Hauptsache frisch und handgemacht. Von selbst gebrauter Sojasauce über Nudeln aus eigener Manufaktur bis zum handgeschöpften Reispapier.

War man 2014 mit „Soul Food" gestartet – Pasta, Burger und asiatisch Angehauchtes, serviert auf Tischen aus Europaletten, an denen Sitzbänke aus Getränkekisten standen –, so ist mittlerweile alles etwas gediegener und feiner, dabei aber noch immer locker und freundlich. Wie die Speisen entstehen, kann man sich dank der offenen Küche live und in Farbe ansehen: Die Gerichte kommen aus dem Wok oder direkt vom Grill. Verantwortlich ist Koch Kijcharoen Saha, genannt Sam. Der Thailänder kennt die asiatische Küche von klein auf, bringt jahrelange Erfahrung aus der gehobenen Gastronomie mit und, so Besitzer Patrick Chacinski, „kann sich hier austoben".

Die passende Philosophie beginnt übrigens nicht erst im Magen, sondern schon vor der Tür. Auftritt der Luck-in-a-Cup-Message: Meist gut sichtbar mitten auf der Rüttenscheider Straße geparkt, verheißen Worte aus Kreide auf einer simplen Holztafel tiefgründige Weisheiten wie: „Habe den Gute-Laune-Tee acht statt vier Minuten ziehen lassen; heute eskaliere ich so richtig." Oder: „Vernünftig ist wie tot, nur vorher." Was mindestens für ein kleines Lächeln bei den Passanten sorgt. Und manchmal – bei all jenen, die dem Laden eine Chance geben, anstatt einfach nur daran vorbeizulaufen – auch einen glücklichen Magen. Einen richtig glücklichen Magen.

· ·

Luck in a Cup, Rüttenscheider Straße 236, 45131 Essen
www.luckinacup.com
ÖPNV: Straßenbahn 107, Haltestelle Florastraße

Kein Zwerg, nirgends

37 *Öko-Kleingartenanlage Kraut & Rüben in Bochum*

Der Schrebergarten ist dem Ruhri heilig. Er ist etwa gleichbedeutend mit dem Züchten von Tauben und Kaninchen und dem Gebrauch von „dat" und „wat" in der täglichen Sprache. Man hat ihn einfach. Und man pflegt ihn. Aber so was von. Kleingarten gleich Kleingeist – so lautet das gängige Klischee. Doch dieses Stück Land ist anders. Kein Zwerg, nirgends. Damit fängt es schon mal an. Datgibbetdochnich, denkt man, und lässt, nachdem man das Holztörchen unter dem Rundbogen durchschritten hat, den Blick noch einmal prüfend durchs Grün schweifen. Doch nein: kein Gartenzwerg. Stattdessen wuchern Wildblumen in allen erdenklichen Farben. Der Rasen hat mit Wimbledon-Niveau nicht im Entferntesten zu tun, ist dafür aber extrem bienenfreundlich, und der Teich sieht tatsächlich aus wie ein Biotop und nicht wie ein Swimmingpool.

Ein Garten wie im Paradies. Das einen Namen hat: Ökologische Dauerkleingartenanlage Kraut & Rüben. 1998 als Projekt der Internationalen Bauausstellung (IBA) Emscherpark initiiert, wurde Kraut & Rüben zu Beginn noch schräg beäugt – hat aber mittlerweile schon diverse Preise eingeheimst. Weil hier alles streng nach ökologischen Richtlinien funktioniert. Wo andernorts die Wuchshöhe der Bäume reglementiert wird, geht es hier um andere Vorgaben: „Keine Zäune" lautet ein Prinzip. Dafür Natursteinmauern, Hecken oder geflochtene Weidenruten. Das Feuchtbiotop mit Fröschen und Kröten liegt gleich um die Ecke. Die Wege bestehen nicht aus geharktem Kies, sondern aus Mulch. Statt Pestiziden kommen Ackerschachtelhalmbrühe oder Brennnesselsud zum Einsatz. Vorteile, die gleichwohl auch Verzicht einfordern: Leitungswasser gibt es nur an zentralen Wasserstationen, Strom gar nicht. Dafür aber einige Stalltiere: neun Kamerunschafe, eine Edel- und eine Zwergziege. Die der Gemeinschaft gehören, was bedeutet: Der „Stalldienst" geht reihum. Bei fünfzig Parzellen macht das eine Woche pro Jahr für jeden.

Allein schon deshalb mag diese Kleingartenanlage nicht für jeden das höchste Glück sein – für alle anderen jedoch ist sie ein persönliches kleines Paradies. Nee, wat is dat schön hier.

Kraut & Rüben, Günnigfelder Straße 161, 44793 Bochum
www.oekokleingarten.de
ÖPNV: Niederflurbus 390, Haltestelle Kruppstraße

Rosa Elefanten inklusive

38 *Der Finkenkrug in Duisburg*

Ein Bier sagt bisweilen mehr als tausend Worte. In diesem Sinne stehen knapp dreihundert Biersorten beinahe schon für eine ganze Enzyklopädie. Zumal man im Pott in Sachen „typische Themen" um ein kühles Blondes nur schlecht herumkommt. Als besonders neugierig gelten in diesem Metier von jeher Studenten, immer auf der Suche nach dem tieferen Sinn des Lebens – und dem leeren Boden des Kruges. Seit gut vier Jahrzehnten geben sich Generationen von werdenden Akademikern im Duisburger Finkenkrug die Klinke in die Hand. Hier gehen neben Alt und Pils die seltsamsten Biere über die Theke, über zwanzig frisch vom Fass, weit über zweihundert direkt aus der Flasche. Da liest sich eine simple Getränkekarte schon einmal wie die Empfehlungen eines Sommeliers. Von würzigen Aromen ist dort die Rede, einem „Anflug von roter Paprika, Feigen und Bitterschokolade", von optimaler Trinktemperatur und vom „hopfigen Abgang". Hier reicht man das Delirium Tremens Red, ein Fruchtlambik mit einem Alkoholgehalt von 8,5 % Vol., das der Finkenkrug-Gast auf Wunsch in passender Umgebung genießen kann: Der Delirium-Tremens-Raum des Hauses bietet rosa Elefanten inklusive. Nicht nur der Biergeschmack scheint hier also ein spezieller, sondern auch der Humor. Was sich ein Stück weit aus der Vergangenheit des Hauses erschließen mag, das seine Ursprünge in einer sozialistischen Studentengruppe findet. Eines der stärksten Biere aus dem Duisburger Zapfhahn: das belgische Kastel Cuvée du Chateau, satte 11 % Vol., zehn Jahre gelagert. Beim Nanny State gesellen sich hingegen zu vergleichsweise schlappen 0,5 % Vol. satte zweihundertzweiundzwanzig Bittereinheiten. Wer das schafft, kann mindestens eine Stunde lang nicht mehr lachen.

Ist das Glück? Durchaus. Weil die Atmosphäre stimmt. Und weil es nicht ums Betrinken, sondern ums Ausprobieren geht. Übrigens auch ganz ohne Alkohol: Die Bar hält rund zehn Cola-Sorten, gut fünfzig verschiedene Erfrischungsgetränke, über ein Dutzend Säfte, diverse Kaffee-Spezialitäten und gut dreißig Teesorten parat. Damit kann tatsächlich jeder Durst gestillt werden.

Finkenkrug, Sternbuschweg 71, 47057 Duisburg
www.finkenkrug.de
ÖPNV: Straßenbahn 901, Haltestelle Schweizer Straße

Männer-Zeugs

39 Poodles Core in Essen

Geschenke für einen Mann kaufen – schwierige Angelegenheit. Dabei müssen gute Geschenke ja nicht mal Dinge sein, die einen bestimmten Zweck erfüllen. Es könnten auch einfach mal Dinge sein, deren Zweck erst noch erfunden werden muss. Schlichtes und Schönes, auf jeden Fall aber Außergewöhnliches. Vielleicht sogar Obskures. Eben keine Von-der-Stange-Geschenke. Wenn genau so etwas wie aus dem Nichts auftaucht, sagen wir mal in einem Schaufenster, dann ist das des Pudels Kern im reinen Goethe'schen Sinne. Besagtes Schaufenster findet sich im Herzen von Essen-Rüttenscheid, es gehört zum „modernen Kolonialwarenladen" von Kyung-Ae und Thomas Siepmann, der randvoll ist mit Dingen, an die man(n) sein Herz verlieren kann. Das beginnt bei amerikanischer Zahnpasta und führt über badischen Gin bis zum italienischen Rennrad. In den Holzregalen werden Schuhe, Hemden, Poloshirts, Möbel, Antiquitäten, Plattenspieler, sogar Lebens- und vor allem Genussmittel feilgeboten.

Und was ist jetzt ein Geschenk für echte Männer? Eine Kiste. Die „Männerkiste" wird individuell zusammengestellt. Man könnte auch sagen: Pack rein, was Dir ins Auge springt. Selbst, wenn es Seife ist oder „Captain Fawcett's Hair Elixir – The Bearded Dame" oder eine Bürste für den modernen Männerbart. Nicht zu vergessen „Dapper Dan"-Pomade, die ich persönlich bisher nur aus „O Brother, Where Art Thou" kannte, jenem filmischen Meisterwerk der Coen-Brüder, in dem George Clooney den Satz prägte: „Ich will aber kein ‚FOP', gottverdammt noch mal, ich bin ein ‚Dapper Dan'-Mann!" Es gibt das Zeug tatsächlich, und zwar genau hier.

Also wenn auch Sie einen Dapper-Dan-Mann kennen – oder einfach einen, der Außergewöhnliches verdient –, dann laden Sie ihn doch mal zu einem Rendezvous mit Pudel ein. Denn abgesehen von der Tatsache, dass man in diesem Laden laut Familie Siepmann „die Essenz des Wahren, Schönen, Echten und Guten" käuflich erwerben kann, gibt es auch Lesungen, Tastings, Vernissagen sowie Themen- und Kochabende. Und die machen „The Poodles Core" zu einem Treffpunkt von Gleichsinnten.

• •

⊙ **The Poodles Core, Rüttenscheider Straße 177, 45131 Essen**
https://the-poodles-core.com/
⊙ **ÖPNV: Straßenbahn 107, 108; U11, Martinstraße**

Reise in die Kindheit

40 Das Schaustellermuseum in Essen

„Junger Mann zum Mitreisen gesucht." Keine Kontaktanzeige, sondern ein Schild, angebracht vor einem Schwein. Kein richtiges Schwein, sondern eines aus Holz. Zum Draufsetzen. Allerdings: Tatsächlich draufsetzen kann man sich nicht, wir befinden uns schließlich in einem Museum. Das Schwein steht, zusammen mit zahlreichen anderen Holztieren, in einer früheren Maschinenfabrikhalle in Essen. Zwischen Bildern von Jahrmärkten aus den 1930er-Jahren, zwischen Glücksrädern, Kinoprojektoren und einem mit Benzin betriebenen Gokart von 1936. Und: immer wieder Orgeln. Drehorgeln, Jahrmarktorgeln, Tanzorgeln, zum Teil aus dem 19. Jahrhundert, liebevoll verziert und bemalt. Ob ihre Musik nun tatsächlich erklingt oder nicht, spielt keine Rolle. Man hat sie automatisch im Ohr. Diese quäkenden Melodien, die einst unablässig spielten, weil die Orgel mittels diverser Löcher in Faltkartons tatsächlich vierundzwanzig Stunden am Tag durchdudeln kann.

Die Geschichte der Schaustellerei – Erich Knocke, bis zu seinem Tod im Jahre 2011 einer der berühmtesten Schausteller Deutschlands, hat dazu in seinem Museum eine rührende Sammlung zusammengetragen. Selbstfahrautos, Schießscheiben, Spielgeräte sind hier zu sehen, ein einarmiger Bandit und natürlich Lostrommeln – der Traum vom schnellen Glück ist schließlich so alt wie die Menschheit. Überhaupt ist die gesamte Schaustellerei ein Spiel mit unseren Sehnsüchten – nach der großen Liebe, dem großen Geld. Nach der eigenen Kindheit. Spätestens, wenn man sich dabei ertappt, wie man dem Karussellpferd sanft über den Rücken streichelt. Tatsächlich lösen die Karussellfiguren im Ruhestand lange nach ihrem letzten Einsatz auf den Rummelplätzen der Welt durchaus eine gewisse Melancholie aus – rufen aber auch jenes Glücksgefühl hervor, das in der Kindheit mit dem Besuch einer Kirmes verbunden war. Keine Zuckerwatte weit und breit, und dennoch scheint jener typisch süße Geruch in der Luft zu liegen, der sich mit den Erinnerungen an bunte Lichter, drängelnde Menschen und klebrige Paradiesäpfel vermischt. „Junger Mann zum Mitreisen gesucht." Das Ziel? Eine Reise in die eigene Kindheit.

Schaustellermuseum Essen, Hachestraße 68, 45127 Essen
www.schaustellermuseum.de
ÖPNV: Hauptbahnhof

Die schwingende Pyramide

41 Der Tetraeder in Bottrop

Das Glück ist mit den Mutigen. Das war schon immer so. Ein Märchen von einem, der auszog, die Höhe zu erobern.

Den Anfang macht, wie sollte es bei diesem Thema anders sein, eine Halde. Nicht irgendeine, sondern die an der Beckstraße in Bottrop. Kein wirklich eingängiger Name, andere Erhebungen im Revier sind da deutlich besser dran. Doch, was soll's. Die Beckstraße also.

Von dort aus führt, hat man die Straße und den kleinen Imbiss erst einmal hinter sich gelassen, ein in Serpentinen verlaufender Weg auf den Gipfel. Ein Weg, der Ausdauer und Gelassenheit der Wanderer wahrlich auf die Probe stellt. Schräg aufwärts verlaufende Trampelpfade zeugen von mehr als einem gerissenen Geduldsfaden – oder eben eher schlechter Kondition. Nicht viel leichter zu bewältigen ist der direkte Weg mit sage und schreibe dreihundertsiebenundachtzig Stufen.

Die eigentliche Herausforderung jedoch wartet erst oben. Inmitten einer Landschaft, wie man sie sich auch auf dem Mond vorstellen könnte: taubes Gestein, so weit das Auge reicht. Vier Dreiecke bilden hier das „Haldenereignis Emscherblick", besser bekannt als Tetraeder. Ein Kunstwerk, eins gehört schließlich auf jede Halde, das von Wolfgang Christ für die Internationale Bauausstellung (IBA) Emscherpark geschaffen wurde. Eine sechzig Meter hohe Pyramide, die es in sich hat.

Die groben Details, für all jene, die den Aufstieg wagen: Auf eine frei schwebende Treppe bis zur ersten Plattform folgt zunächst eine steile Leiter, danach dann eine Wendeltreppe, die leicht gekippt an Stahlseilen hängt. Klingt spannend, oder? Bei klarem Wetter wird der Mutige mit einem Blick bis nach Duisburg belohnt. Geht Wind, hat man diese Aussicht meist sogar ganz für sich allein. Denn das Konstrukt schwingt mit. Um eine lange Geschichte abzukürzen: Ich habe mehr als einen Anlauf gebraucht, bis mir der Aufstieg gelang. Des Nachts aber, wenn ich die im Licht der Installation „Fraktal" scheinbar schwebende Pyramide von der A 42 aus erblicke, darf ich nun mit Fug und Recht und in Ruhrgebietsmanier ausrufen: „Ich war oben gewesen!"

⊙ Tetraeder auf der Halde Beckstraße, 46238 Bottrop
⊙ ÖPNV: Bus 266, Haltestelle Tetraeder

Immer hart backbord

42 Im Museum für Binnenschifffahrt in Duisburg

In einer Region, in der schlafende Zechen als Museen aufwachen, ist es wenig überraschend, dass man selbst aus einem ehemaligen Schwimmbad etwas machen konnte. Und so zieht, wo einst Badebekleidung mit langem Bein die Szenerie bestimmt hat, heute etwa ein holländischer Frachtensegler alle Blicke auf sich, als Exponat des Museums der Deutschen Binnenschifffahrt. Von der großen weiten Welt träumen kann man im Ruhrgebiet eigentlich nur hier wirklich authentisch. „Live" in Sachen weite Welt dabei waren zwei Ausstellungsstücke, die man von der ehemaligen Herrenschwimmhalle aus über die Hafen-Brücke und die Ruhrorter Promenade erreicht: die Museumsschiffe „Minden" und „Oscar Huber". Ersteres ist allerdings gar kein Schiff, sondern ein – Achtung, jetzt kommt ein schönes Wort – Eimerkettendampfbagger ohne eigene Antriebsmaschine, der über größere Strecken geschleppt wurde.

„Oscar Huber" jedoch ist ein waschechter Radschleppdampfer aus dem Jahre 1922. Und zugleich ein schönes Beispiel dafür, dass man zwar mal untergehen kann, dann aber mit etwas Glück doch wieder auftaucht. In den letzten Kriegstagen, im März 1945, wurde das Schiff auf Befehl der Wehrmacht bei Oberwesel im Mittelrhein versenkt. Doch der Dampfer war nur leicht beschädigt und konnte nach Kriegsende geborgen und wieder instand gesetzt werden. Heute dient er als Museumsschiff, denn er ist der „letzte im Original erhaltene Vertreter des Schiffstyps", so heißt es in der Denkmalakte, „der über einen Zeitraum von fast 125 Jahren durch den rationellen Transport von Massengütern einen wesentlichen Beitrag zur wirtschaftlichen Entwicklung des Rheinstromgebietes geleistet hat".

Kalte Worte für eine stolze Leistung und die Tatsache, dass Oscar Huber auch heute noch „im Dienst" ist. Als fünfundsiebzig Meter langer, wahr gewordener Kindheitstraum. Schließlich ist sein Maschinenraum ebenso zugänglich wie die ehemaligen Mannschafts- und Wohnräume. Und wenn schließlich gestandene Männer an der Regelstation des Dampfkessels stehen, dann spiegelt sich in ihren Augen der alte Traum vom Kapitänsleben und der großen weiten Welt. Ganz sicher.

● Museum der Deutschen Binnenschifffahrt, Apostelstraße 84, 47119 Duisburg
www.binnenschifffahrtsmuseum.de
● ÖPNV: Niederflurbus 907, Haltestelle Binnenschifffahrtsmuseum

Ganz großes Kino

43 *In der Filmbar der Essener Lichtburg*

Filmpaläste sind wie Dinosaurier. Riesig, alt und eigentlich schon ausgestorben. Deutschlands größter historischer Filmpalast, ein Juwel zwischen Pantoffel- und Kommerzkino, steht in Essen. Die Gästebücher der legendären Lichtburg lesen sich wie das Who is who der Filmgeschichte: Winnetou war hier, James Bond auch. Eddie Constantine und Jean Marais haben sich in wenigen Zeilen verewigt, aber auch Louis Armstrong und Benny Goodman. Gary Cooper gar kam zur Premiere von „Zwölf Uhr mittags". Bei ihrer Eröffnung 1928 galt die Lichtburg als „Wunderwerk" kinotechnischer Entwicklung und in den Fünfziger- und Sechzigerjahren als der eleganteste Kinosaal Deutschlands.

Mitte der Achtzigerjahre jedoch begann der Ruhm zu verblassen, und der Beginn des Multiplexbooms schien das Ende der Kino-Ikone einzuleiten. Die Umnutzung zum Varieté-Theater konnte damals gerade noch verhindert werden: Besonders Wim Wenders, der Nestor des jungen deutschen Films, hatte sich für den Erhalt als Kino starkgemacht. Moderne Technik wurde installiert, Fassade, Kinosaal und Bar rekonstruiert.

Überhaupt: die Filmbar. Wenn das kein Glücksort ist. Nichts gegen den Kinosaal. Wer das Wort Filmpalast begreifen will, der muss rauf auf den Balkon, wo schon der Blick in den Saal ganz großes Kino ist. Doch wer in der legendären Filmbar ein Getränk zu sich nimmt, fühlt sich wie in einem Klassiker. Kein Wunder: Die historische Bar, früher „Teeraum" genannt, wurde detailgetreu im Stil der Fünfzigerjahre renoviert. Weiße Wände mit dezent bemalten italienischen Stadtlandschaften, Mosaik-Parkett und ausladende Originalsessel, in denen einst Zarah Leander und Romy Schneider Hof hielten.

Auch heute noch dient die Bar bei zahlreichen Lichtburg-Filmpremieren als glamourös-kultiger Backstage-Bereich, und die Filmbar-Gäste heißen Matthias Schweighöfer, Hannelore Elsner und Wotan Wilke Möhring. Otto Normalverbraucher hingegen hat im Rahmen der regelmäßigen Jazz-Sessions die beste Chance, die Eleganz und den Glamour vergangener Tage zu erleben. Authentisch und stilecht.

● Lichtburg, Kettwiger Straße 36, 45127 Essen
www.lichtburg-essen.de
● ÖPNV: Hauptbahnhof

Dortmund und Detroit

 44 *Das Fördergerüst am Bergbau-Museum Bochum*

Das „Ambiente" – typisch Ruhrpott. Der Blick von oben – einmalig. Die Rede ist vom Fördergerüst des Deutschen Bergbau-Museums Bochum. Grün, nicht rostrot wie andernorts und – streng genommen – nur ein Exponat der Ausstellung wie vieles andere auch, was mit der Bergbau-Vergangenheit des Ruhrgebiets zusammenhängt. Dennoch: Das größte Ausstellungsstück des Museums ist den Bochumern längst fest ans Herz gewachsen, ist und bleibt *ihr* Fördergerüst. 1973 kam es – in kolossalen Einzelteilen und unter einigem Presserummel – vom Zentralschacht der Anlage Germania in Dortmund-Marten nach Bochum und prägt seither als Wahrzeichen die Silhouette der Stadt. Die harten Fakten für Kenner: Entworfen von den renommierten Industriearchitekten Fritz Schupp und Martin Kremmer, hat das vollwandige Doppelbockgerüst ein Gewicht von sechshundertfünfzig Tonnen und eine Höhe von 71,4 Metern. Per Fahrstuhl gelangen Besucher bis zur unteren Seilscheibenbühne in fünfzig Metern Höhe, eine weitere Treppe führt noch einmal zwölf Meter weiter hinauf. Hier liegt einem die Metropole Ruhr wahrlich zu Füßen. Weshalb auch so manches Brautpaar nach der Trauung im Anschauungsbergwerk siebzehn Meter unter Tage hier hinauf zum Sektempfang bittet. Ein ungewöhnliches Bekenntnis – zueinander und zum Ruhrgebiet. Glück im Pott eben. Doch das Fördergerüst kann auch anders. Im Rahmen des „Detroit-Projekts" etwa, eines internationalen Kunstfestivals, das mit Blick auf die Schließung des Opel-Werkes in den Jahren 2013 und 2014 die Zukunft der Stadt hinterfragte, kreierte der britische Künstler Tim Etchells eigens für das Fördergerüst den neonroten Schriftzug „How Love Could Be". Eine Zeile aus der ersten Single des legendären Plattenlabels Motown aus Detroit: „Bad Girl" von den Miracles, veröffentlicht 1961. Ein Zitat, das Statement und Frage zugleich war – und eine Verbindung herstellen sollte zwischen den maroden Industriestädten Detroit und Bochum. Eine temporäre Lichtinstallation, deren Verlöschen in Bochum durchaus eine Lücke hinterließ. Sie passten gut zueinander, Etchells' Werk und Bochums Wahrzeichen, nicht nur als Hochzeitskulisse.

● Deutsches Bergbau-Museum Bochum, Am Bergbaumuseum 28, 44791 Bochum
www.bergbaumuseum.de
● ÖPNV: U35, Haltestelle Deutsches Bergbau-Museum

Schön scharf machen, bitte

45 *„Die Currywurst" in Wanne-Eickel*

Wer dem Revier in die Töpfe guckt, der findet in jenem urtypischen Eintopf, der kulinarische Einflüsse aus gut einhundertsiebzig Nationen miteinander verkocht, durchaus die ein oder andere hochwertige Einlage. Soll heißen: Das Ruhrgebiet hat tatsächlich den ein oder anderen Sternekoch. Doch bleiben wir bei der Wahrheit: Die erste Assoziation in Sachen „Kulinarik im Revier" ist eine andere, und sie lässt sich auf drei Worte reduzieren: Pommes und Currywurst.

Schon immer erkor sich dabei jede Generation ihre ganz eigene Kultstätte. Für viele ist etwa Erikas Braterei in Mülheim an der Ruhr das Maß aller Dinge. Andere schwören ausnahmslos auf Bratwurst von Dönninghaus aus Bochum. Wieder andere schätzen die Tatsache, dass im Profi-Grill in Bochum-Wattenscheid mit Raimund Ostendorp immerhin der frühere Demi-Chef de Cuisine des Düsseldorfer Schiffchens an der Theke steht. Und dann sind da noch die, deren kulinarisches Glück sich in Schärfegraden misst. Es war 2007, als sich Gerhard Herzog, Imbiss-Verkäufer im beschaulichen Wanne-Eickel, erstmals darauf einließ, in seinem Lokal mit dem bezeichnenden Namen „Die Currywurst" diverse Variationen des Kultgerichtes anzubieten, die sämtlich ein, sagen wir mal: flammender Geschmack im Abgang einte. Geburtsstunde einer Skala, die es in sich hat. Die „Drei" ist eine ganz normale Currywurst, ab der „Sechs" wird es richtig scharf, ab der „Sieben" laut Karte gnadenlos – die „Zehn" wird aus Sicherheitsgründen nicht außer Haus abgegeben. Und dann gibt es da noch die „Zehn plus", die nicht ohne Grund den Warnhinweis „Gesundheitsgefahr" trägt. Voraussetzungen für den Verzehr der schärfsten aller scharfen Saucen: Volljährigkeit und eine Verzichtserklärung. Was auf eine gewisse Erfahrung und auf Weitsicht schließen lässt.

Pädagogisch wertvoll ist auch der Umgang mit jenen Kunden, die in etwas weniger Würze ihr Glück finden. Ihnen empfiehlt der Küchenchef das „Wanne-Eickel Currywurst Potpourri": eine Wurst mit den Saucen „Drei", „Fünf" und „Sieben" sowie einer süßlich scharfen Mango-Sauce. Das lässt Möglichkeiten zur Steigerung. Immer schön positiv denken.

● **Die Currywurst, Heidstraße 28, 44649 Herne**
www.diecurrywurst.com
● **ÖPNV: Niederflurbus 323, 329, Haltestelle Heidstraße**

Hohe Kunst

46 Der Gasometer in Oberhausen

Nein, ich habe keine Angst vor hohen Räumen. Und dieses komische Gefühl in der Magengegend, das gleichzeitig den Nacken nach oben krabbelt, wenn ich einen hohen Raum betrete, das ist keine Angst. Mag sein, dass deshalb viel heruntergeguckt wird in diesem Buch. Von Halden, von Dächern, von Fördergerüsten. Es gibt in dieser Region aber auch eine Vielzahl an wunderschönen Panoramen. Hätte man vor fünfzig Jahren auch nicht gedacht.

Doch zurück ins Innere. Tatsache ist: Es kostet mich schon einige Überwindung, Europas höchste Ausstellungshalle zu betreten. Unten ist alles super. Und interessant. Aber oben. Das war so, als Christo seine berühmte Wand stapelte. Und das war noch immer so, als ein paar Jahre später Wasser einen fünfzig Meter hohen Kegel nach oben floss. Nach oben! „Blaues Gold" hieß die Ausstellung, über die ich schreiben sollte. Und es führte kein Weg daran vorbei: Ich musste nach oben gucken. Schon aus rein beruflichen Gründen. Man kann nicht auf den Boden starren, wenn die Pressesprecherin stolz gen Decke deutet. Das Schöne am Gasometer Oberhausen: Es geht aufwärts. Innen mit einem gläsernen Aufzug bis kurz unter die Decke. Einfach mal runtergucken. Herrlich.

Und trotz aller Magengefühle: Was habe ich nicht alles gesehen in dieser Halle. Mit „The Wall" und dem Kegel fing es an, es folgte unter anderem Christos zweite Installation „Big Air Package", außerdem ein Lichthimmel, ein Mond, ein Regenwaldbaum. Nicht zu vergessen der Breitling Orbiter III, ein waschechter Ballon in einem geschlossenen Raum. Und schließlich die Erde höchstselbst. Von außen kann man übrigens auch runtergucken. Und vom Dach aus den Blick über das westliche Ruhrgebiet streifen lassen. Seltsam ist nur eines: Fast alle Ausstellungen habe ich am letzten Tag besucht. Es ist ja nicht so, dass vorher nicht genügend Zeit gewesen wäre. Da ist immer dieses Zögern. Vielleicht liegt es am hohen Raum, der zugleich ein so fantastischer Ausstellungsort ist. Doch am Ende ist da immer dieses Glücksgefühl, wenn ich dann doch nach oben geblickt habe. Auf einen Regenwaldbaum. Oder die Erde. Oder den Mond.

· ·

○ Gasometer, Arenastraße 11, 46047 Oberhausen
www.gasometer.de
○ ÖPNV: Niederflurbus SB 90, SB 91, SB 92, SB 98, Haltestelle Neue Mitte

Frei nach Stängel gewachsen

47 *Der Köllnische Wald in Bottrop*

Grün ist eine Farbe, die nach wie vor nur die wenigsten mit dem Ruhrgebiet in Verbindung bringen. Weite Waldflächen sind schließlich nicht gerade das, was man in einem der größten Ballungsräume Europas erwartet. Und doch gibt es so einige, und zudem einige sehr schöne Wälder im Ruhrgebiet. Sich hier für einen Ort zu entscheiden, der glücklich macht, ist nicht einfach. Allerdings überzeugt der Köllnische Wald in Bottrop gleich dank verschiedener Kriterien. Dank des teils einhundertfünfzig Jahre alten Baumbestandes etwa. Dank der Tatsache, dass hier – in Verlängerung an die Hohe Mark – Hainsimsen-Buchenwald in Stieleichen-Hainbuchenwald übergeht, schützenswerte alte bodensaure Eichenwälder auf Sandebenen zu finden sind und der gefährdete Schwarzspecht klopft, der dem sommertrockenen, naturnah mäandrierenden Spechtsbach seinen Namen verleiht. Ein Wald, den man der Sukzession überlässt, der, wenn überhaupt, naturnah bewirtschaftet wird, in dem Alt- und Totholz erhalten bleiben. Und genauso definiert sich dieses Naturschutzgebiet, als „großflächiges, vielfältiges und örtlich naturnahes Laubwaldgebiet mit unterschiedlichen Waldgesellschaften, Altholzbeständen und naturnahen Bachläufen in der Randzone des Ruhrgebietes". Natur in einer ihrer schönsten Versionen. Entstanden jedoch nicht zuletzt aufgrund des menschlichen Eingriffs. Bodenabsenkungen, dem Bergbau der Region geschuldet, führten bereits in den Fünfzigerjahren des vergangenen Jahrhunderts dazu, dass der Grundwasserspiegel stieg und sich der Wald zum Sumpfgebiet wandelte. Per Pumpwerk wird der Wald heute künstlich trocken gehalten – ebenso übrigens wie weite Teile des Bottroper Stadtgebietes – und bietet dennoch mit immerfeuchten Böden optimale Bedingungen für eine der schönsten Waldlandschaften des Reviers.

Ein Gebiet, das auch der Mensch erkunden kann: auf eigens angelegten Wanderwegen, die den alten Herrschaftswald, der einst im Besitz des Kölner Bischofs war, durchziehen. Wer hier wandert, ist Gast – und sollte sich auch so benehmen. Belohnt wird er mit eindrücklichen Naturerlebnissen, die tatsächlich so typisch sind für das Ruhrgebiet.

● Köllnischer Wald, idealer Startpunkt ist das Forsthaus Specht,
Oberhausener Straße 391, 46242 Bottrop

Morgens um zwei

48 *Die Autobahn A 40*

Sie gilt als Schlagader der Metropole Ruhr, was im offiziellen Jargon für „die wichtigste Verkehrsachse der größten Stadtlandschaft in Nordrhein-Westfalen" steht. Und an den meisten Tagen sind gefühlt auch tatsächlich alle 5,3 Millionen Bewohner des Ruhrgebiets auf ihr unterwegs. Und zwar gleichzeitig. Die Rede ist von der A 40, vom Ruhrschnellweg, einst als B 1 bekannt, was heute nur noch auf Dortmunder Stadtgebiet gilt. Vierundneunzig Kilometer Autobahn, größtenteils Flüsterasphalt, vom Grenzübergang Straelen bis Dortmund, kurz: die älteste Verkehrsachse im Revier. Dem Ruhri seine Autobahn, die sogar einer leidlich erfolgreichen Essener Band ihren Namen leiht. Also: Ruhrschnellweg, nicht A 40. 107.000 Kfz zählte „Straßen NRW" 2009 auf Höhe Bochum; 123.000 am Dreieck Essen-Ost. Neuere Zahlen finden sich nicht. Woran die unzähligen Baustellen der vergangenen Jahre Schuld tragen mögen. Daran, dass man mit dem Zählen nicht nachgekommen ist, kann es eigentlich nicht liegen. Stehende Autos lassen sich relativ einfach erfassen.

Denn Stillstand ist Teil des Prinzips. Eine A 40 ohne Stau? Ein Ding der Unmöglichkeit. Stillstand geht immer. Montags morgens, freitags abends, auch gern sonntags, ganz sicher immer am ersten im Monat, denn dann ist Flohmarkt am Rhein Ruhr Zentrum.

Und wo bleibt bei alldem das Glück? Nicht auf der Strecke. Denn die A 40 ist tatsächlich dem Ruhri seine Autobahn. Man weiß, was kommt, nimmt es relativ gelassen und verzeiht. Und wenn es dann morgens um zwei Uhr doch einmal wider Erwarten fluppt, dann kann man sein Glück kaum noch fassen. Tatsächlich hat sich der Ruhrgebietler so viel Humor im Umgang mit seiner Stadtautobahn bewahrt, dass er den Stillstand auch schon mal zum Konzept macht. Für eine Aktion im Rahmen der Kulturhauptstadt etwa, die es sogar bis in die Tagesschau schaffte: „Still-Leben Ruhrschnellweg". Ganz ohne Autos. Aber auch mit Gedränge. Nur eben zu Fuß. Das war ein Spaß. Ich selbst habe mich damals per Stift auf einer der Schallschutzwände verewigt. Auf jenen Wänden, die später abgerissen wurden. Was für Dauerstau sorgte. Wofür auch sonst?

◉ A 40, www.a40.nrw.de

Schlafen in der Traumwelt

49 Das Road Stop Motel in Dortmund

Hoch über dem Dortmunder Ruhrtal, die Syburg und die Spielbank liegen nur einen Steinwurf entfernt, gelingt Reisenden mitten im Ruhrgebiet ganz lässig der Sprung über den Großen Teich. Nicht per Flugzeug. Nicht per Schiff. Sondern per Road Stop.

Das Motel im US-amerikanischen Stil pflegt das Holzhütten-Ambiente, hat die Landstraße direkt vor der Haustür und jede Menge Grün hinter der Hütt'n. Hier reicht man Burger zu Fritten und Bier, ist Amerika noch so kernig wie einst bei den Waltons und die Welt noch ganz genau so in Ordnung. Die Reise durch die USA allerdings ist mit einem Stopp lange noch nicht beendet.

Sechs Zimmer hat das Motel. Sechs Themen hat der Gast zur Auswahl. Und wer in jedem Bett einmal gelegen hat, hat zugleich eine Reise von der Ost- zur Westküste Amerikas hinter sich gebracht. Und das im Schlaf. Gar nicht schlecht, möchte man meinen.

Den Anfang macht, alles andere wäre wohl auch nicht angemessen, New York. Mit dem größten Zimmer, einem Wasserbett, Skyline und begehbarem Kleiderschrank. Eben eine Nummer für sich. Es folgt: Kentucky. Der Jim Beam Room vereint die Weiten der Prärie mit echtem Holzfäller- und Cowboy-Flair. Sagen wir mal: rustikal. Die Bezeichnung spartanisch trifft dagegen auf den Raum eine Tür weiter zu: die Jail House Cell. Genächtigt wird hier tatsächlich hinter Gittern und auf Etagen-Pritschen. Einziger Anachronismus: der Flatscreen an der Wand. Da ist man dann mal nicht so. Auf den Knast folgt die große Freiheit Nummer 66. Im Harley Davidson Room fließt das Wasser noch direkt aus dem Tank. Auf der Karte liegt Nevada gleich neben Arizona. Was folglich eine Tür weiter üppiges Las-Vegas-Flair bedeutet. Whirlpool, rundes Bett und Discokugel inklusive. Kitschig durchaus. Wer es stylish mag, ist halt in Los Angeles und im White Room des Motels besser aufgehoben. Design durch und durch, in Rot und Weiß. Nicht gerade die typischen Dortmunder Farben. Doch das tut diesem kleinen Ausflug über den Großen Teich keinen Abbruch. Spaß macht er in jedem Fall.

• •

◗ Road Stop Motel, Hohensyburgstraße 169, 44265 Dortmund
www.roadstop.de
◗ ÖPNV: Bus 442, Haltestelle Ruhrhöhenweg

Ich schrei mich weg

50 *Die Cranger Kirmes*

Eine Urschreitherapie soll ja eine ganz feine Sache sein; für die Seele und das Leben an sich. Das kann jedermann – sofern er sich auf nach Crange macht. Denn Crange ist längst nicht nur ein Stadtteil von Herne. Crange ist laut, bunt und schrill. Nicht zu vergessen: schnell. Das alles zusammen zwar nur einmal im Jahr, dafür dann aber richtig und volle zehn Tage lang. Denn Crange ist Kirmes. Oder sollte man sagen: Crange ist *die* Kirmes? Wie auch immer: All das mag im ersten Moment nicht unbedingt nach einem Glücksort klingen. Nach Urschreitherapie schon gar nicht. Doch letztlich ist es wie immer im Leben: Das Maß der Dinge entscheidet. Natürlich läuft man auf diesem Rummel, dem vielleicht größten in NRW, Gefahr, eher früher als später Probleme mit den zuvor eingeworfenen, üppigen Imbiss-Snacks zu bekommen. Womit wir bei den Fahrgeschäften wären, auf, in und an denen der Mensch der Neuzeit in Ermangelung an Säbelzahntigern und Dinos den eigenen Mut (und den eigenen Magen) kräftig auf die Probe stellt. Geschrien, das ist klar, wird hier am laufenden Meter. Lauter mag da nur noch der Erleichterungsseufzer sein, die Höhen und Tiefen der Achterbahn, den Fall aus Wolkenkratzer-Dimensionen oder das Mixer-Gefühl ultraschneller „Karussells" überstanden zu haben. Adrenalin, Pheromone, Drehwurm – da kommt der ganze Kram zusammen. Was vielleicht auch irgendwie sowas wie Therapie ist.

Und dann, in einem jener kurzen stillen Momente inmitten von Laut-bunt-und-schrill, erinnert man sich plötzlich an die erste Fahrt auf so einem Ding. An all die Jahre zuvor, in denen man immer noch zu klein, zu jung oder zu ängstlich gewesen ist für alles jenseits von Autoscooter und Bimmelbahn. An die Vorfreude aufs nächste Jahr. An Zuckerwatte und Paradiesäpfel, die als Ersatz herhalten mussten. An Bammel in der Büx, die eigene große Klappe und an das breite Grinsen im Gesicht, als sich endlich der Sicherheitshebel über die eigene Brust senkte. Und das noch breitere Grinsen nach dem Aussteigen. Manchmal hat man tatsächlich einen guten Grund, um zu schreien. Und manchmal macht Schreien sogar glücklich.

* * *

🔴 **Cranger Kirmes, An der Cranger Kirche, 44653 Herne**
www.cranger-kirmes.de
🔴 **ÖPNV: Kirmeslinie Bus 322, Haltestelle Cranger Kirmes**

Flüssiges Sonnenlicht

51   *Das Solbad Vonderort in Oberhausen*

Leichtmetall im Wasser, an einem industrieträchtigen Ort wie Oberhausen. Sollte einem diese Tatsache Kopfzerbrechen bereiten? Nein, ganz im Gegenteil. Zumindest, wenn es sich um Lithium handelt. Das klingt im ersten Moment zwar eher nach Batterien oder Star Trek, ist aber alles andere als gesundheitsschädlich. Mehr noch: Lithium wird ohnehin zumeist über das Trinkwasser aufgenommen, kommt auch im Meerwasser vor und soll als Spurenelement nachweislich einen therapeutischen Effekt haben.

So weit zu den Fakten. Nun zum eigentlichen Anlass dieses kurzen Ausflugs in die Weiten der Chemie: die Lithium-Aufgüsse im Außenbecken des Solbads Vonderort in Oberhausen. Zugegeben, das klingt jetzt wieder ein bisschen nach Science Fiction, sorgt aber allenfalls für intergalaktisches Wohlbefinden. Das gelingt der Sole zwar durchaus auch von allein. Doch warum sollte man etwas Gutes nicht noch besser machen, wenn es sich einrichten lässt? Dachte man sich wohl auch in Oberhausen und fand auf der Suche nach einem geeigneten Zusatz das Lithium. Insbesondere auf die Psyche und das seelische Gleichgewicht soll das Spurenelement, das von Natur aus im menschlichen Körper zu finden ist, positiven Einfluss nehmen. Nichts Neues, wenn man mal im Lexikon nachschlägt: Bereits in der Antike wurde lithiumhaltiges Quellwasser als Mittel gegen Manien gereicht. Ein Umstand, den die moderne Welt derzeit wiederentdeckt. Wann, wenn nicht im hektischen Alltag des 21. Jahrhunderts, wäre ein stabiles Nervenkostüm je wichtiger gewesen? Dreimal täglich ergänzt man in Vonderort also gezielt die Sole um diesen durchaus wertvollen Zusatz. Kein Prozedere, das mit einer auffallenden chemischen Reaktion, mit Zischen, Brodeln und aufregenden Farbverläufen, einhergeht. Das jedoch, wenn man sich darauf einlässt, durchaus zu spüren ist. Wenn man die Sole samt Zusatz einfach mal machen lässt. Sole bedeutet, nebenbei bemerkt, übrigens „flüssiges Sonnenlicht". Sonne angereichert mit einer Spur Leichtmetall. Klingt nach Star Trek. Tut aber einfach nur richtig gut.

● Revierpark Vonderort, Solbad Vonderort, Bottroper Straße 322, 46117 Oberhausen
www.revierpark.com
● ÖPNV: Niederflurbus SB 91, Haltestelle Revierpark Vonderort

Auch ohne Schatz schön

52 *Der Silbersee II in Haltern*

Wenn die Sommerhitze allzu groß ist und der Körper nach Abkühlung verlangt, dann zieht es die Menschen des Ruhrgebiets geschlossen in die Freibäder und Seen der Region. Zumindest solange das Baden in der Ruhr noch nicht erlaubt ist – doch daran wird bekanntlich gearbeitet. Als „größte Badewanne des Ruhrgebiets" gilt bis dahin der Silbersee II in Haltern. Nein, weder Winnetou noch Old Firehand oder sein Kollege Shatterhand wurden hier jemals gesichtet. Ehrlich gesagt hat der Silbersee in Haltern überhaupt nichts mit Silber zu tun, geschweige denn mit einem Schatz. Aber der Name klingt schön.

Genau genommen gibt es in Haltern noch nicht einmal den einen Silbersee, sondern gleich mehrere. Und die wurden in der Vergangenheit abwechselnd von den Menschen in der Umgebung als Badeseen genutzt, vorher aber fein säuberlich durchnummeriert, damit auch jeder weiß, welcher See gerade dran ist. Egal, welcher genau – entstanden sind sie alle durch die Gewinnung des wohl bekanntesten Rohstoffes der Region: des Halterner Quarzsands. Was jetzt doch irgendwie eine Art Schatz ist. Und auch optisch haben die Seen einiges zu bieten; klares blaues Wasser, feinster Sand – das lässt man sich gefallen.

Aktuell wird also im Silbersee II gebadet und geplanscht. Außerdem, man glaubt es kaum, hat sich hier ein gefragtes Surf-Revier entwickelt. Das Sommer-Glück mancher Menschen liegt eben nicht im, sondern auf dem Wasser. Von Mai bis Mitte September geschieht all dies unter den wachsamen Augen der DLRG-Vertreter. Kein leichter Job, immerhin ist an manchen Tagen gefühlt die halbe Metropole Ruhr vor Ort. Für die entsprechende Verpflegung sorgt übrigens eine Gastronomie mit dem humorvollen Namen Treibsand.

Der Silbersee I war bis 2004 noch Badegewässer, wird aber aktuell gerade wieder „ausgesandet", wie der Fachmann sagt. Und die Nummer III? Ist Landschaftsschutzgebiet und nicht zum Baden freigegeben, immerhin führt ein 4,5 Kilometer langer Weg einmal drum herum. „Nur gucken, nicht planschen" lautet hier das Motto.

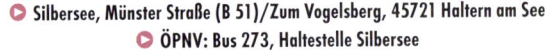

🔴 Silbersee, Münster Straße (B 51)/Zum Vogelsberg, 45721 Haltern am See
🔴 ÖPNV: Bus 273, Haltestelle Silbersee

Schief, schräg, schön

53 *Die Altstadt von Hattingen*

5,3 Millionen Einwohner, knapp viereinhalbtausend Quadratkilometer Fläche, dreiundfünfzig Städte und Gemeinden: Das Ruhrgebiet ist das größte Ballungszentrum Deutschlands. Längst nicht mehr grau und schwarz, längst viel grüner, als alte Vorurteile künden. Und doch haben Kohle und Stahl, hat die Industrie vielerorts nicht nur die Menschen, sondern auch das Stadtbild geprägt. Nicht immer zum Vorteil. Oft aber Grundlage für jenen wunderbaren Prozess, der sich Strukturwandel nennt und der mit dem Begriff Industriekultur einhergeht.

Zugleich gibt es in diesem bunt zusammengewürfelten Konstrukt namens Revier einige Orte, die sich auch in Zeiten der industriellen Revolution ihr altes Gesicht bewahrt haben. Die Altstädte von Essen-Werden und Essen-Kettwig sind solche Fälle. Mülheims Altstadt, umzingelt vom Fortschritt, ebenso. Und nicht zuletzt: die Altstadt von Hattingen. Malerische Fachwerk-Idylle wie aus dem Bilderbuch. Und das in einer Stadt, in der mit der Henrichshütte eines der traditionsreichsten Hüttenwerke des Reviers seine Heimat hat.

Gut zwei Kilometer ist er nur lang, der Rundweg durch die alten Gassen der Stadt. Eine halbe Stunde, wenn man gut zu Fuß ist – und die über dreißig ausgeschilderten Stationen eher „abklappert", als wirklich kennenlernt. Eine halbe Stunde, die man tunlichst aufstocken sollte, denn es geht weit zurück in die mittelalterliche Geschichte der Stadt.

Gut und gerne einhundertvierzig liebevoll restaurierte Fachwerkhäuser finden sich rund um den zentralen St.-Georgs-Kirch-Platz. Viele davon sind weit über die Region hinaus bekannt. Das Alte Rathaus etwa wegen seiner vierhundert Gefachen, was für alle, die es nicht wissen, am besten mit „den Räumen zwischen den Balken" übersetzt werden kann. Oder das Zollhaus, Hattingens kleinstes Fachwerk-Kleinod. Und nicht zu vergessen: das Bügeleisenhaus, das seinen Namen seiner eigenwilligen Form verdankt, die gewissermaßen auf eine schlanke Linie achtet.

Wie gesagt: In einer guten halben Stunde wäre man durch. Aber so schnell war wahrscheinlich noch nie jemand.

Hattingen Altstadt, www.hattingen.de
ÖPNV: Haltestelle Hattingen Mitte

Jede Menge Zeugs

54 *Das Dortmunder Kreuzviertel*

Dortmund hat die Nordstadt. Die man mögen muss, um sie so zu akzeptieren, wie sie ist. Immer auf der Kippe eben zwischen Ghetto und Szeneviertel. Dortmund hat außerdem das Kreuzviertel. Mitsamt Gründerzeit-Altbauten, Cafés, Kneipen und kleinen Lädchen. Allesamt nicht von der Stange. Hier lebt man bio, schätzt man das Selbstgemachte und darf es durchaus auch mal etwas aufwendiger sein, selbst wenn es nur um ein belegtes Brot geht. Den Kaffee bereitet der Barista – oder Omas Handfilter, dazwischen gibt es eigentlich nur wenig. Auch hier muss man also wissen, auf was man sich einlässt.

Auf jede Menge fantastische kleine Designer-Läden beispielsweise. Die so bezeichnende Namen tragen wie Schischi oder Ügo. In Ersterem hat man sich vor allem Stoffen, Tapeten, Kissen und Gardinen verschrieben. Wohnaccessoires, will heißen: Dekozeugs eben, das mit der Raufasertapete aus dem Baumarkt ungefähr so viel zu tun hat wie ein van Gogh mit Malen nach Zahlen. Das Ügo hingegen steht für coole Brands und trendige Labels.

Zurück zum Thema Wohnen: indenvierwänden trägt das Thema bereits im Namen und verspricht: „Wir machen Wohnen schön." Was dank ausgefallener Inneneinrichtungen und Wandbildern aus dem eigenen Atelier nicht zu viel versprochen ist. Hier finden sich sogar Möbel, die früher als Veranstaltungsplane herhalten mussten. Sachen gibt's.

Ein Ausruf, der bei Unterhaltung Lieblingsstücke ebenfalls vorprogrammiert ist. Im Café wird geplauscht – was das Wort Unterhaltung im Namen erklärt. Und die Sache mit den Lieblingsstücken, nun, die ergibt sich beinahe zwangsläufig beim Stöbern. Zwischen großen Markennamen und Nischenplayern finden sich simples Brausepulver, organische Jeans und die berühmte Pottsoße aus dem Revier. Hier vereinen sich die Produkte von Zechenkind und 11 Freunde problemlos mit denen von Hummel, Moleskine und Nudie zu einem ganz eigenen Universum. Kurzum: Lieblingsstücke finden sich hier ganz sicher. Glückliche Welt. Glückliches Viertel.

❍ Das Kreuzviertel liegt im Einzugsgebiet der Heilig-Kreuz-Kirche und bezeichnet das Gebiet zwischen Hohe Straße, Sonnenstraße, Große Heimstraße und Rheinlanddamm, 44139 Dortmund
❍ ÖPNV: U42, Haltestelle Kreuzstraße

Immer geradeaus

55 *Auf dem Leinpfad zwischen Mülheim und Essen*

Der Weg, so heißt es, ist das Ziel. Und ohne noch weitere Gemeinplätze strapazieren zu wollen: Auch ein Weg kann glücklich machen. Zum Beispiel, wenn er von Mülheim an der Ruhr nach Essen-Kettwig führt – und auf dem alten Leinpfad immer der Ruhr folgt. Per Pferd wurden hier einst die schwer mit Kohle beladenen Ruhraaken entlangetreidelt. Harte Arbeit für die Tiere, die die Kähne an langen Tauen flussaufwärts zogen.

Die Aaken sind verschwunden. Der Leinpfad ist geblieben. Und mit ihm einer der vielleicht schönsten Wege entlang des Flusses im ganzen Ruhrgebiet. Etwa neuneinhalb Kilometer sind es vom Wasserbahnhof in Mülheim bis zum Kettwiger Stausee. Eine Strecke, die man zu Fuß in gut zwei Stunden absolvieren kann. Wenn man will. Man kann sich aber auch richtig viel Zeit lassen. Zum Beispiel, um Flora und Fauna der geschützten Saarn-Mendener Ruhrauen zu genießen, die deutlich bezweifeln lassen, dass der Himmel über dem Ruhrgebiet je eine andere Farbe hatte als Blau.

Spätestens auf Höhe des Naturschutzgebietes Kocks Loch fällt man dann beinahe automatisch vom flotten Schritt in die Zeitlupe, schon allein wegen der zahlreichen Fotografen, die am Vormittag – und nur dann steht die Sonne richtig – ihre imposanten Teleobjektive sämtlich auf ein und dieselbe Stelle richten. Hier ist der Eisvogel zu Hause, und seine Fans reisen von weither an. Später dann muss zur Beschreibung noch einmal ein Gemeinplatz herhalten: ländlich-idyllisch sind die einzig adäquaten Worte. Da passt sich – man glaubt es kaum – selbst ein so nüchternes Objekt wie die Brücke der A 52 harmonisch in die Landschaft ein. Verlaufen? Kann sich hier niemand. Der Weg führt mehr oder minder immer geradeaus, Vorteil der früheren Nutzung. Platz nehmen und genießen? Auch das geht, nicht zuletzt, weil der Regionalverband Ruhr weite Teile der Strecke in den vergangenen Jahren optimiert hat. Am Ende dann hat man die Stadt gewechselt, ohne es auch nur zu merken. Und für den Rückweg? Nimmt man am besten das Schiff. Die Weiße Flotte legt auch am Kettwiger Stausee an. Glück gehabt.

● Leinpfad Mülheim an der Ruhr, Luisental, 45468 Mülheim, Parkmöglichkeiten am Wasserbahnhof
◗ ÖPNV: Mülheimer Straßenbahn 104, Haltestelle Wilhelmstraße

Große weite Welt

56 Das Alte Schiffshebewerk Henrichenburg

Gesetzeshüter müssen jetzt bitte kurz einmal wegschauen. Obwohl die Missetaten aus Jugendjahren wahrscheinlich schon lange verjährt sind. Überhaupt: So ein Teenager-Leben sah damals, irgendwann Mitte der Siebzigerjahre, wahrscheinlich überall ganz ähnlich aus – Langeweile, Neugierde, hohe Zäune. Und jenes versteckte Loch in der Absperrung, das genau das richtige Maß an Abenteuer in den tristen Alltag brachte. Alltag in Castrop-Rauxel. Das stand für Leben in der Kolonie. Jeder kannte jeden. Jeder Tag brachte denselben Trott. Freiheit garantierten der nahe Bolzplatz und das eigene Fahrrad. Die weite Welt lag schließlich gleich um die Ecke. In Waltrop. Im Alten Schiffshebewerk Henrichenburg am Dortmund-Ems- und Rhein-Herne-Kanal. Benannt nach der einstigen Gemeinde Henrichenburg, die heute nördlichster Stadtteil Castrop-Rauxels ist. Ein Wunderwerk der Technik, das bei seiner Einweihung 1899 selbst Kaiser Wilhelm II. faszinierte – und das schon 1969 nicht mehr auf der Höhe der Zeit war. Der Fortschritt ist letztlich immer unerbittlich.

Hohe Zäune sicherten damals das Gelände. Der Zutritt war strengstens verboten. Doch wo ein Wille ist, findet sich auch ein Durchschlupf. Und dahinter? Fand sich eine Industrieruine, fanden sich alte Maschinen, wie geschaffen für Abenteuerspiele, Expeditionen und Mutproben. Eine versteckte Schaltzentrale, von der aus man die Welt erobern konnte. In Gedanken – und wenn die Kinder laut brüllend das Gelände erstürmten.

Wer heute auf der Brücke zwischen den beiden Oberhaupttürmen steht, blickt hinunter auf ein längst restauriertes, nach wie vor faszinierendes Industriedenkmal. Ein ganz legaler Blick übrigens, denn heute ist das Alte Schiffshebewerk als LWL-Industriemuseum Teil des Schleusenparks Waltrop. Kinder toben hier nach wie vor über das Gelände. Verbote jedoch übertreten sie dabei nicht. Im Gegenteil: Ein eigener Wasserspielplatz und ein Anschauungsmodell bringen ihnen nahe, was man sich eine Generation zuvor nur zusammenreimen konnte. Spannende Abenteuer in Waltrop – damals wie heute.

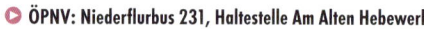

◗ LWL-Industriemuseum, Schiffshebewerk Henrichenburg, Am Hebewerk 26, 45731 Waltrop
www.lwl-industriemuseum.de
◗ ÖPNV: Niederflurbus 231, Haltestelle Am Alten Hebewerk

Waschen und schneiden

57 *Der „Pommesbauer" in Oberhausen*

Um ein Gericht kommt man im Ruhrgebiet nicht herum: die Currywurst. Eine Tatsache, der dieses Buch an anderer Stelle ausführlich Rechnung zollt. Doch was wäre die Wurst ohne Beilage? Und „Beilage" meint jetzt nicht ein simples Brötchen oder einen Klecks Senf, nicht einmal, wenn er direkt aus der Schwerter Senfmühle stammt. Gemeint ist die dem Ruhrgebiet einzig angemessene Form einer Kartoffel: die Pommes.

Die könnten, gäbe man sich mit Mittelmaß zufrieden, direkt von der Tiefkühltruhe aus in die Fritteuse wandern. Oder aber sie werden geschnitzt. Genau. Eine kleine Bewegung für einen Menschen, eine große Bedeutung für den Gaumen: Mit links schnappt man sich eine Kartoffel, spannt sie in den Pommes-frites-Schneider ein, während im Hintergrund die automatische Schälmaschine brummend ihren Dienst verrichtet. Die rechte Hand zieht am Hebel – schon sind frische Kartoffelstreifen bereit, ihren Frittiergang anzutreten. Den ersten übrigens von insgesamt zweien.

Der „Pommesbauer" im Oberhausener Westen hat – trotz seines Namens – mit Landwirtschaft nichts zu tun. Mal abgesehen von der Tatsache, dass die Kartoffeln aus der unmittelbaren Umgebung und direkt vom Feld stammen. Das Besondere: ihr weiterer Werdegang, die glückliche Verwandlung von pommes de terres zu Pommes rot-weiß, vollzieht sich direkt „am Kunden", nun ja, vor dessen Augen. Das Prinzip ist immer das gleiche: gewaschen, geschält, geschnitten, kurz frittiert und dann abgekühlt, um den weichen Kartoffelkern zu erhalten. Dann geht es ab in die Endfritteuse, wo sie ihr knackiges Äußeres erbruzzeln.

Aufwendig, appetitlich und – abgeguckt. Beim Nachbarn jenseits der Grenze und beim Prinzip „lekker Holland Frites". Stören tut das niemanden, schließlich sind holländische Pommes durchaus etwas Feines. Was man nicht nur in Oberhausen zu schätzen weiß. Essen beispielsweise hat mit seinem nahezu legendären de Prins eine Lokalität ganz ähnlicher Zielsetzung, wenngleich dort natürlich eher die selbst gemachten Mayonnaisen das Thema wären …

Aber das ist jetzt was für Fortgeschrittene.

··

○ Der Pommesbauer, Obermeidericher Straße 5a, 46049 Oberhausen
○ ÖPNV: Niederflurbus 143, 939, SB 93, Haltestelle: Obermeiderich Bahnhof

Der Kleine gewinnt

58 „Starlight Express" in Bochum

Jeder Zeitungsjournalist hat mal klein angefangen. Klein bedeutet in diesem Fall: lokal. Und lokale Berichterstattung bedeutet nicht nur, aber auch: Berichterstattung über das Vereinsleben in der Stadt. Ein Auftrag, der im Ruhrgebiet durchaus eine gewisse Qualität hat: Kaninchen- und Taubenzüchter am Freitag, der Karnevalsverein am Samstag und am Sonntag dann in den Schrebergarten. Wohltuend hob sich in den 1990er-Jahren da ein Termin bei der Igelschutzinteressengemeinschaft vom üblichen Einerlei ab. Der Abend war nett, das Anliegen wichtig. Und weil schon mein Getränk aufs Haus ging, ließ ich mich nicht lumpen und kaufte brav und allein für den guten Zweck ein Tombola-Los. Kein Gedanke an den Hauptgewinn. Bis der Mann am Mikro, gerade als das Kreischen der Rückkopplung in meinen Ohren verklungen war, meine Nummer verkündete. The winner is ... und schon hielt ich zwei Karten für „Starlight Express" in Bochum in der Hand. Zugegeben: Mein Glück war mir schon ein wenig peinlich. Zumal ich damals eher der Typ Stadion denn Starlight war. Doch einem geschenkten Gaul schaut man nicht ins Maul.

Am 12. Juni 1988 ging das wahrscheinlich einzige Rollschuh-Musical des Universums erstmals in Bochum über die Bühne. Ach was, bleiben wir bei der Wahrheit: Es rollte derart rasant über die Bühne, dass auch ich beim ersten wilden Luftzug auf meinem Gesicht nicht mehr aus dem Sessel herauszukriegen war. Das Stadion? Konnte mir gestohlen bleiben. Mehr als sechzehn Millionen Menschen ging es in den vergangenen über drei Jahrzehnten ganz ähnlich. Sie alle haben die Geschichte der Lok Rusty miterlebt, haben mitgeweint und mitgefiebert bei der Weltmeisterschaft der Lokomotiven.

„Starlight Express" ist das erfolgreichste Musical der Welt an einem Standort. Und dass es sich so lange im Ruhrgebiet gehalten hat, mag auch mit seiner Vision von Tempo, Technologie, Stahl und Schiene zusammenhängen. Der Kleine gewinnt. In der Show wie im Leben. Eine Mentalität, die gut ins Revier passt.

Starlight Express Theater, Stadionring 24, 44791 Bochum
www.starlight-express.de
ÖPNV: Bus 388, Haltestelle RuhrCongress

Let love grow

59 *Die Korte Klippe in Essen*

Händchen haltend kommt das Pärchen den kleinen Waldweg entlang. Es geht leicht abwärts, bis es vor dem kleinen Mäuerchen steht. Dahinter: Ausblick. Und zwar auf den Baldeneysee. „Das ist ein Geheimplatz", flüstert er ihr zu. Na ja, nicht mehr ganz so geheim, aber auch nicht gerade überlaufen. Und unbestreitbar der schönste Ort, um auf Essens Heimatgewässer zu blicken. Von diesem Punkt aus, unweit des Jagdhauses Schellenberg, lässt sich der gesamte See von der Staumauer bis zum Übergang in die Ruhr westlich von Kupferdreh überblicken. Südlich des Sees kann man zudem die Essener Stadtteile Fischlaken und Heidhausen ausmachen.

Benannt wurde dieser Punkt übrigens nach einem früheren Gartendirektor der Stadt, Rudolf Korte, der auch Gründungsmitglied des Essener Stadtverbandes der Kleingärtnervereine war und die Neugestaltung der Reichsgartenschau 1938 auf dem Gelände des heutigen Grugaparks leitete. Doch das nur am Rande. Eigentlich erzählen wollten wir die Geschichte einer Schaukel, die hier 2013 plötzlich auftauchte und ebenso schnell wieder verschwand. Eine Art Guerilla-Schaukel. Einfach mal so aufgehängt, ohne Genehmigung, ohne TÜV oder was man sonst für so etwas benötigt, einfach nur weil's Spaß macht. Und das Schaukeln machte hier, direkt an der Korte Klippe, tatsächlich Spaß, denn man hatte das Gefühl, über dem Baldeneysee zu schweben. Wenn man denn mal das anfängliche Kribbeln im Magen überwunden hatte.

In der Folge tauchten übrigens auch auf dem Essener Weihnachtsmarkt, vor dem Bochumer Bergbau-Museum, am Bottroper Tetraeder und an anderen Orten im Ruhrgebiet Schaukeln auf. Hergestellt aus Holz mit FSC-Siegel, aufgehängt von einer unbekannten Svenja und versehen mit dem Satz „Let love grow". Das ist doch mal eine Nachricht. Liebe, Umweltschutz und Spaß in einem einzigen Gerät. Herrlich. Doch leider illegal. Was Folgen hatte: Die Schaukel wurde wieder entfernt. Jetzt sitzt man halt wieder auf der Bank oder dem Mäuerchen. Dem Pärchen, das ist sicher, hätte die Schaukel gut gefallen.

Korte Klippe, Heisinger Straße 254, 45259 Essen
ÖPNV: Niederflurbus 145, 146, Haltestelle Korte Klippe (Haus Ruhreck)

Spielzeug der Kindheit

60 „Slinky Springs to Fame" in Oberhausen

Damals, in den Siebzigern, fand sie sich in vielen Haushalten. Als Kunstgegenstand zum Hinstellen, aber auch als Spielzeug. Die Rede ist von einer Slinky-Metallspirale, einer simplen „laufenden" Schraubenfeder, die vor ewigen Zeiten den Spielzeugmarkt eroberte und sogar Treppen steigen konnte, zumindest abwärts. Eine von diesen Erfindungen, die – gemeinsam etwa mit dem Hula-Hoop-Reifen – in die Rubrik „einfach, aber genial" fallen. Das ist für Kinder.

Durchaus diffiziler und in Sachen Statik keinesfalls zu unterschätzen, ist das größere Pendant, das sich in Oberhausen befindet: „Slinky Springs to Fame", eine Arbeit des Frankfurter Künstlers Tobias Rehberger – was der begehbaren Brückenskulptur im Volksmund den etwas einfacheren Namen Rehberger Brücke einbrachte. Kunst also mit Nutzen, was weniger despektierlich gemeint ist, als es sich anhört. Denn Rehbergers Werk, entstanden in Kooperation mit der Emschergenossenschaft im Rahmen der „Emscherkunst.2010", verbindet seit 2011 den Kaisergarten am Schloss Oberhausen mit den Rad- und Wanderwegen auf der Emscherinsel. Ein Kunststück im wortwörtlichen Sinn, denn der Durchfahrtshöhe für die auf dem Rhein-Herne-Kanal zugelassenen Containerschiffe ist die Tatsache geschuldet, dass die Brücke eine stolze Höhe von zehn Metern hat. Und auch die Länge der Spirale kann sich sehen lassen: vierhundertsechs Meter, inklusive der Windungen auf beiden Kanalseiten. Genauer: vierhundertsechsundneunzig Spiralwindungen. Und wo wir gerade bei den Zahlen sind: Insgesamt sechzehn Farbtöne folgen einem alternierenden Code und tauchen die Brücke immer wieder in anderes Licht. Ein „Paradiesvogel" für Fotografen; der Vergleich mag hinken, doch Sie wissen, was gemeint ist.

All das hat mit der Spirale aus Kinderzeiten vielleicht nur die Windungen gemeinsam. Begeistert davor, darauf und darunter jedoch durch seine Leichtigkeit und Verspieltheit. Wer damals als Kind die billige kleine Spirale nicht bekommen hat, kann heute zumindest durch eine hindurchlaufen – mittenrein in ein Spielzeug aus der Kindheit.

Slinky Springs to Fame, Konrad-Adenauer-Allee 46, 46049 Oberhausen
ÖPNV: Niederflurbus 956, 966, Haltestelle Schloss Oberhausen

Brötchen waren gestern

61 *Papierwerk in Mülheim*

In einer guten Bäckerei glücklich zu werden, ist nicht wirklich schwer. Eine ehemalige Bäckerei allerdings muss als Glücksort schon so einiges in die Waagschale werfen, um zu überzeugen. Ein Blatt Papier zum Beispiel. Nicht irgendein Papier, versteht sich. 80-Gramm-Multifunktionspapier für den Kopierer – das gibt es im Discounter. Im Mülheimer Papierwerk hingegen, wo einst kleine und große Brötchen gebacken wurden, lebt Inhaberin Jutta Pfeiffer wahre Leidenschaft für Papeterie. Die einst kleine Bäckerei der Familie Trappmann in Broich – sie mauserte sich zu ihrer Zeit zu jener Art kramigem Kolonialwarenladen, wie man ihn sich mittlerweile wieder zurückwünscht. Kramen kann man hier immer noch, doch füllen dort heute Papierwaren jeder Art die Regale, teils handgeschöpft, immer jedoch handverlesen. Von alten Manufakturen, jungen Labeln und regionalen Kreativen. Mit Liebe ausgesucht, präsentiert mit einem Blick für Details. Stöbern ausdrücklich erwünscht – und unbedingt notwendig. Ganz nach Lust und Laune. Und besser noch: Bei schlechter Laune gibt es nichts Besseres. Denn die Stimmung vor Ort ist immer freundlich, immer familiär, und das im allerbesten Wortsinn. Und wem das nicht reichen sollte, dem bleiben immer noch die Workshops. Regelmäßig bietet das kleine Ladenlokal weiten Raum für die Welt des Buchbindens, Faltens, des Dekorierens und der Kalligrafie. Und bei all den hölzernen Stempeln, den handgemachten Schachteln und hübschen Döschen, den Kärtchen, Kartons, Heftchen, Papierrollen und Bändern gerät selbst jener hartgesottene Typ Mensch ins glückliche Schwärmen, der Origami zuvor allenfalls in die Kategorie asiatische Kampfsportart eingeordnet hätte.

Edles Briefpapier im schnellen E-Mail-Zeitalter, coole Notizblöcke als Alternative zum hippen Smartphone: Pfeiffers kleiner Laden ist das, was man im Revier wohl Nischending nennt – und das ist auch gut so. Gutes von gestern trifft auf frische Ideen von heute. Zugegeben: Das Konzept funktioniert nur bedingt mit Backwaren. Aber glücklicherweise perfekt mit Papier.

⦿ **Papierwerk – Papierwaren und Lebensgut, Holzstraße 3, 45479 Mülheim an der Ruhr**
www.papier-werk.de
⦿ **ÖPNV: Bus 131, Holzstraße**

128

Tiefe Eindrücke

62 Der Tippelsberg in Bochum

Der Stimberg-Riese und der Riese Tippilus kämpften einst um die Befreiung einer Bauersfrau. Sie war von den Weißen Weibern entführt worden. Doch die Riesen scheiterten: Stimberg machte sich aus dem Staub, und Tippilus fiel genau an der Stelle auf die Nase, wo heute der Tippelsberg steht. Das glauben Sie nicht?

Dann vielleicht so: Anders als viele Erhebungen im Ruhrgebiet ist der Tippelsberg keine künstliche Halde im ureigenen Sinn. Tatsächlich gab es an dieser Stelle immer schon eine leichte Anhöhe. Und die nutzte man Anfang der Achtzigerjahre als Bau- und Bodenschuttdeponie. Hier landete vor allem das, was man beim Bau der Bochumer U-Bahn so alles aus dem Boden holte. 2003 begann man dann, den Tippelsberg zu renaturieren und ihn der Bevölkerung als Naherholungsgebiet zur Verfügung zu stellen.

Heute führen mehrere Pfade nach oben, unter anderem ein Kinder-, ein Serpentinen- und natürlich ein Riesenweg. In Anlehnung an die hübschen Geschichten um Tippilus hat man zudem gleich noch ein paar Fußabdrücke in den Boden gegossen. Von wegen „in jemandes Fußstapfen treten". Wir haben nicht nachgemessen, doch Tippilus' Schuhgröße dürfte irgendwo bei siebzig liegen. Der Blick, mit dem der Nachwuchs diesen Größenunterschied kommentiert, ist unbezahlbar.

Den Gipfel selbst ziert natürlich ein Kreuz. Doch weil der Tippelsberg gerade mal einhundertfünfzig Meter hoch ist – der Bayer nennt das Hügel, der Ruhrgebietler Massiv –, wollte man es wohl nicht übertreiben und hat das Gipfelkreuz nicht aufgestellt, sondern hingelegt. Als Sitzgelegenheit nach dem Aufstieg. Mehrere Stelen mit Gucklöchern – in zwei unterschiedlichen Höhen, damit auch Kinder etwas sehen – verweisen auf einige Sehenswürdigkeiten in der Region. Achtzig Kilometer weit reicht das Auge. Bei gutem Wetter. Dann hat man neben der Halde Hoheward auch gleich drei Fußballstadien – Dortmund, Schalke und Bochum – im Blick. Davon können sie in Bayern nur träumen.

· ·

Tippelsberg, Tippelsberger Straße, 44807 Bochum
www.tippelsberg.de
ÖPNV: Niederflurbus 354, Haltestelle Feenstraße

Für feine Öhrchen

63 *Das Glockenspiel in Bottrop*

Zugegeben: In einer Fußgängerzone zu stehen und die Ohren zu spitzen, geht nicht unbedingt als Inbegriff des Glücks durch. Andererseits kommt es natürlich darauf an, was man hört. Doch fangen wir vorne an: Es war anno 1957, als der Goldschmied Gerd Triffterer begann, ein besonderes Glockenspiel zu planen, denn er wollte der Stadt Bottrop und seinen Bewohnern – vor allem den Kunden seines Juweliergeschäfts – „etwas zurückgeben". Nicht zuletzt sollte auch an seine Familiengeschichte erinnert werden, denn seine Vorfahren waren Glockengießer. Vielleicht der entscheidende Grund, warum das Spielwerk gleich fünfundzwanzig Bronzeglocken mit einem Gesamtgewicht von stolzen eintausendfünfundachtzig Kilogramm haben musste.

Eingeweiht wurde das Bottroper Glockenspiel an der Fassade der Hansastraße 1963. Seine eigentliche Besonderheit liegt in der Tatsache, dass es genau zwei chromatische Tonleitern umfasst. Eine Leistung, die bei einem Glockenspiel schon etwas heißen will. Und zwar: Es kann alle zwölf Halbtöne einer Tonleiter spielen und damit theoretisch jede Melodie. Tatsächlich existieren gleich siebzehn Papier- und Kunststoffrollen mit unterschiedlichen Jahreszeiten-, Schützenfest- und Weihnachtsmelodien sowie allgemeinen Volksliedern. Zudem kann es per Hand auf einer eigens dafür gebauten Orgel gespielt werden.

Es kam, was kommen musste, wenn auch überraschend spät: Im Jahr 2010, also nach beinahe fünfzig Jahren aktiven Glockenspiels, beschwerte sich eine Anwohnerin. Mit deutscher Gründlichkeit wurde nachgemessen – und tatsächlich: Die Glocken bringen es auf zweiundsechzig Dezibel, erlaubt sind jedoch nur sechzig. Da muss man schon ein ganz feines Öhrchen haben; doch Vorschrift ist Vorschrift. Das Glockenspiel verstummte – und wurde kurz vor Weihnachten 2010 nach diversen Protesten echter Fans wieder angestellt. Und so lassen sich Passanten bis heute gern überraschen, welche Melodie wohl gerade dran ist. Süßer die Glocken nie klingen als um zehn, elf, zwölf, sechzehn, siebzehn und achtzehn Uhr sowie zu jeder Viertelstunde.

○ Glockenspiel, Hansastraße 10, 46236 Bottrop
○ ÖPNV: Bus 186, 251, 979, Haltestelle Pferdemarkt

Da liegt was in der Luft

64 *Das Gradierwerk im Essener Grugapark*

Er ist für vieles bekannt, der Essener Grugapark: für seine Gartenbaukunst, seinen Freizeitwert, seine Schule Natur, die Skulpturensammlung und ja, vielleicht auch für seine Tiere. Hervorgegangen aus der Großen Ruhrländischen Gartenbau-Ausstellung des Jahres 1929 gilt er heute als „grüne Lunge" der Stadt Essen. Kein Begriff, der die Schönheit der Themengärten wirklich zu fassen weiß, die satten Farben der Rosen und Dahlien, die Düfte und Formen unzähliger fremdländischer Pflanzen. Selbst in der dunklen Jahreszeit zeigt sich der Park von einer ganz eigenen Seite: im Licht unzähliger farbiger Strahler, die in Baumstrukturen Kunstwerke finden und aus der schlafenden Landschaft ein lebendiges Mosaik kreieren. So schön, dass die Kälte des Winters für eine Weile vergessen ist. Parkleuchten jedoch funktioniert nur im Februar und März. Das Gradierwerk funktioniert immer – es sei denn, es wird (so wie 2019/2020) gerade saniert. Ein Glücks- und Rückzugsort, den man in dieser Form mitten in Essen – die Autobahn liegt quasi um die Ecke, Gleiches gilt für das pulsierende Szeneviertel Rüttenscheid – so nicht ohne Weiteres vermuten würde. Nordseeluft im Pott. Schon von Weitem kann man sie riechen. Und sehen kann man es auch, das Gradierwerk. Ein hölzernes Konstrukt, das wie das simple Modell einer Kathedrale wirkt. Einer recht kleinen, zugegeben, gerade mal zehn Meter hohen. Doch der pure Anblick vom Haupteingang aus reicht bereits, um die Neugierde zu wecken.

Hier atmet, wer den Wandelgang entlangschreitet oder auf einer der Bänke Platz nimmt, Luft mit Kurort-Note. Und die wird, durchaus ein wenig spektakulär, eigens in der Saline „erzeugt": Über eine mit Schwarzdornreisig gefüllte Wand rinnt stetig Wasser mit einer Sole-Konzentration von fünfundzwanzig Prozent. Eine Erholungspause mit „Meerwert", das Wortspiel muss an dieser Stelle erlaubt sein. Eine Steigerung der „geistigen und körperlichen Leistungsfähigkeit" und die Stabilisierung des Immunsystems stellt die Erklärung hier in Aussicht.

Mag alles sein. Sicher ist: Hier hat man Urlaub in der Nase. Abschalten, das klappt im Grugapark selbst mit geschlossenen Augen.

· ·

Grugapark Essen, Virchowstraße 167a, 45147 Essen
www.grugapark.de
ÖPNV: U11 bis Gruga

Das Glück hat eine Farbe

65 *„Rheinorange" in Duisburg*

Über achtzig Tonnen schwer, fünfundzwanzig Meter hoch, sieben Meter breit – und doch ist es die Leichtigkeit der Farbe, die über die Schwere der Form triumphiert. Denn er ist leuchtend orangefarben, jener Stahlquader, der mitten im Duisburger Hafengebiet vor industrieller Kulisse aus dem Boden wächst. Genau dort, wo zwei Flüsse und wohl auch zwei Mentalitäten aufeinandertreffen. Gut zweihundertdreißig Kilometer weiter flussaufwärts hat sich die Ruhr als kleines Rinnsal auf den Weg gemacht, um hier bei Ruhrort am größten Binnenhafen Europas im Rhein aufzugehen. Dazwischen jedoch verleiht sie einer ganzen Region ihren Namen; was ein hinreichender Grund für ein derart auffälliges „Hinweisschild" auf ihr Verschwinden sein dürfte.

Reinorange heißt der exakte Farbton jener Stele, der sich im Farbkatalog unter der schlichten Bezeichnung RAL 2004 wiederfindet. „Rheinorange" lautet das Wortspiel, mit dem der Kölner Bildhauer Lutz Fritsch sein Kunstwerk betitelt hat, das beides sein will: feste Landmarke und strahlendes Lichtzeichen. Eine „immaterielle Linie" im Raum, die einen festen Punkt markiert, der als solcher gar nicht greifbar ist. Was ist noch Ruhr? Was schon Rhein? Nun, man könnte jetzt das Werk hinterfragen. Über die beabsichtigte Fernwirkung einer imposanten Installation sprechen. Über das Aufeinandertreffen von Kultur und Industrie philosophieren. Den Rheinkilometer 780, die Route der Industriekultur oder das Ende des RuhrtalRadweges thematisieren, weil sich all das sämtlich an dieser Stelle verorten ließe.

Oder aber man lässt die Fakten Fakten sein, schweigt, wählt eine der beiden Bänke – und folgt einfach nur dem Wasser. Mit dem Blick und den Gedanken. Folgt jener weiten Schleife der Ruhr bis in den Rhein. Folgt dem Übergang von einem ins andere. Und ist auf einmal ganz weit weg. Vom Alltag, vom Hafen, vom nahen Verkehrslärm. Parkt das eigene Fernweh auf dem nächsten Frachtschiff und genießt den Augenblick.

Manchmal hat Glück tatsächlich eine Farbe. Und manchmal hat diese Farbe einen ganz offiziellen Namen: Reinorange. Oder: RAL 2004.

⊙ **Rheinorange, Am Bört, 47059 Duisburg-Neuenkamp**
⊙ **ÖPNV: Straßenbahn 901, Haltestelle Albertstraße. Ausgehend vom Kreisverkehr an der Karl-Lehr-Brücke führt ein Rad-Fußweg entlang des linken Ruhrufers bis zur Ruhrmündung**

Gegrilltes Glück

66 Die Kochwerkstatt Ruhrgebiet in Herten

Die beiden großen Trendsportarten im Ruhrgebiet? Fußball und – Grillen. Im Sommer qualmt es aus beinahe jedem Hinterhof, in beinahe jedem Schrebergarten, selbst auf dem ein oder anderen Balkon. Und was heißt hier überhaupt Sommer? Angegrillt wird mitunter noch vor der Krokusblüte. Und wen kümmert es schon, dass der Kalender November zeigt, wenn die Temperaturen doch noch locker über dem Gefrierpunkt liegen? Zugegeben: Grillen im Revier ist vielfach Männersache. Und vielleicht ist Grillen im Revier, auch das muss man leider eingestehen, gerade deswegen oft vor allem eines: ein kulinarisches Standardprogramm: Würstchen, Bauchfleisch, Nackensteak – Punkt.

Ein Dreiklang, dem ein Italiener in Herten schon vor langen Jahren den Kampf angesagt hat. In seiner Kochwerkstatt Ruhrgebiet entführt Giovanni Chiaradia in seinen Kursen Otto Normalgriller in die unbekannten Weiten des „Outdoor-Kochens". Und kredenzt dabei bis zu sage und schreibe sieben Gänge, die nichts mit dem üblichen Einerlei zu tun haben, gegrillter Nachtisch und gegrillte Mayonnaise inklusive. Hier geht es nicht um den schnellen Hunger am Wochenende, sondern um Kunst. Nicht um lodernde Flammen und spritzendes Fett, sondern um feine Kniffe und die Kerntemperatur eines perfekten Steaks. Klingt nicht nach echtem Grillvergnügen? Ganz im Gegenteil: In Chiaradias Kochwerkstatt sind schon gestandene Männer ob der jahrelang unnütz verschwendeten Holzkohle in Tränen ausgebrochen und haben sich die Finger geleckt nach hauchdünn geschnittenem Braten und raffiniert zubereiteten Lachs-Sandwiches. Die passen auch zur Sportschau, ganz sicher.

Und auch für die wenigen Wochen im Jahr – oder sind es nur Tage? –, in denen der Grill dann doch im Schuppen bleibt, hat Chiaradia den richtigen Kurs parat. Grünkohl etwa steht bei ihm ebenfalls auf dem Plan. Ebenso Wild und Trüffeln, herzhaftes Brot oder zarte Macarons. Und im Pärchen-Kochkurs oder beim Thema Candle-Light-Dinner lernt der Ruhri als solcher, miteinander füreinander zu kochen. Gegrilltes Glück? Warum nicht?

● Kochwerkstatt Ruhrgebiet, Hochstraße 9, 45699 Herten
www.kochwerkstatt-ruhrgebiet.de
● ÖPNV: Niederflurbus 249, Haltestelle Hospitalstraße

Sonntagsspaziergang

67 *Der Rombergpark in Dortmund*

„Dat Kind muss ma anne Luft." Seit Generationen werden Kinder je nach Wohnort mit diesem Satz in den Dortmunder Westfalen- oder auch den Essener Grugapark getrieben. Einem Satz, der im Unterton mit jenem allbekannten Schreckgespenst droht, das allwöchentlich durch deutsche Kinderzimmer wabert: Sonntagsspaziergang. Nach Kaffee und Kuchen, man muss sich ja bewegen, und weißt du denn überhaupt, wie eine Linde aussieht, Kind? Nein, Opa, weiß ich nicht, aber weißt du, warum der Bach da vorne rot ist? Da muss selbst der Opa nachlesen, und das Kind grinst sich einen.

Es wird wohl am Alter liegen. Denn kaum ist man den Kinderschuhen entwachsen, hat ein Spaziergang unter Linden plötzlich den Schrecken von einst verloren. Dafür muss man gar nicht nach dem Brunnen vor dem Tore suchen, denn im Dortmunder Rombergpark steht nicht nur ein Lindenbaum, sondern gleich eine ganze Allee, gepflanzt im Jahre 1822. Wie es sich gehört für ein Arboretum. Das mag als solches Erwachsenen zum Glücklichsein genügen. Für Kinder sind es halt – na ja – Bäume. Obwohl es, zugegeben, schon irgendwie spannend ist, dass von dem einen Exemplar da Tempos wachsen.

Neben botanischen Kostbarkeiten wie dem Chinesischen Taschentuchbaum kann der Rombergpark als Sehenswürdigkeit vor allem noch seine Roten Bäche vorweisen. Kleine Flüsschen, die aufgrund der rostroten Färbung des Bachbettes eine ungewöhnliche und vielleicht etwas gruselige Attraktion darstellen. Wem hier biblische Plagen in den Kopf kommen, dem sei gesagt: Es sind eisenhaltige Zuflüsse des Schondelle-Baches, der durch den Park und rings um den großen Teich im Norden plätschert.

Überhaupt: der Teich. Schildkröten gibt's hier. Und in einem der vier herrlichen Pflanzenschauhäuser tummeln sich ein paar Frösche. Tummeln ist vielleicht zu viel gesagt. Sie zu beobachten, und das auch noch bei tropischen Temperaturen, hat für die gestresste Gattung Homo sapiens im vorgerückten Alter etwas geradezu Meditatives. Heute lassen wir es mal locker angehen. Ruhig und entspannt. Ganz ruhig. Quak.

●●

🔴 Botanischer Garten Rombergpark, Am Rombergpark 49b, 44225 Dortmund
🔴 ÖPNV: U49, Haltestelle Rombergpark

Feuerrot und eisblau

68 *Die Zollverein Eisbahn in Essen*

Ausgerechnet entlang der Koksöfen, ausgerechnet dort, wo einst bei mindestens eintausend Grad die Kohle zu Koks gebacken wurde, präsentiert sich die Metropole Ruhr alljährlich eiskalt. Eingetaucht in das Licht der Installation „Monochromatic Red and Blue" von Jonathan Speirs und Mark Major bietet die Zollverein Eisbahn in jedem Winter auf einer Länge von einhundertfünfzig Metern pures Schlittschuhvergnügen. Ein Angebot, das auf dem Spaßbarometer den Bereich „Unterhaltung" weit unter sich lässt; hier geht es um die sinnliche Gesamterfahrung. Und die hat es in sich. Die Stiftung Zollverein spricht vom „wahrscheinlich faszinierendsten Ort zum Schlittschuhlaufen bundesweit". Wer selbst einmal dort war, weiß: Unten knirschen die Kufen; oben friert der Blick unweigerlich an den rostroten Rohren und den imposanten Kaminen fest.

Mehr noch: Hier wird Winter für Winter einem Kunstwerk unweigerlich Leben eingehaucht, eine greifbare Gestalt gegeben. Rot und Blau: Über die Farben markiert die Arbeit der Lichtarchitekten Speirs und Major die Trennlinie zwischen der „schwarzen" und „weißen" Seite der Kokerei. Dort wandelte die Hitze in den Öfen die Kokskohle in Koks. Gegenüber gewann man die chemischen Nebenprodukte.

Ein Kontrast, den die Farben in Szene setzen – und der auf der dunklen Oberfläche des Wassers, mit dem das dazwischenliegende Druckmaschinengleis geflutet wurde, ihren Spiegel findet. Im Winter jedoch stehen die Farben für mehr als die zwei Seiten einer industriellen Anlage. Feuerrot und Eisblau: Die Symbolkraft ist unbestritten.

All das mag einem in den Sinn kommen, wenn man seine Bahnen auf dieser temporären Eisbahn zieht. Einhundertfünfzig Meter schnurgeradeaus und zurück. All das. Oder einfach das Gefühl, ein kleiner Mensch inmitten einer gewaltigen Industrieanlage, inmitten des UNESCO-Welterbes zu sein, in der das Gestern immer noch zu spüren ist. Eine Anlage, die Vergangenheit atmet – und trotzdem nicht das geringste Problem mit dem hat, was aus ihr geworden ist; was der Mensch der Gegenwart aus ihr gemacht hat. Selbst wenn er auf Schlittschuhen daherkommt.

⊙ **Zollverein Eisbahn, jährlich von Anfang Dezember bis Anfang Januar, UNESCO-Welterbe,**
Zollverein, Areal C (Kokerei), Druckmaschinengleis, Kokereiallee, 45141 Essen
⊙ **ÖPNV: Straßenbahn 107, Haltestelle Zollverein Nord**

Das Universum im Pott

69 *Das Planetarium in Bochum*

Per Anhalter durch die Galaxis – und das vom Sessel aus. Mittenrein in die Milchstraße oder auch in das Leben Charles Darwins. Und natürlich: der Himmel über dem Ruhrgebiet, ganz unverfälscht, ganz ohne Lichtsmog. All das geht. All das ist machbar. Im Planetarium Bochum hat das Glück eine ganz eigene, eine galaktische Qualität.

Keine Sternwarte, zugegeben. Und doch macht dieses nur scheinbare Manko ein einziger Projektor wieder wett. Unfassbare neuntausend Sterne zaubert er an die riesige Kuppel, simuliert den Himmel an jedem Ort der Welt, zu jeder Jahres- und Tageszeit.

Und mehr noch: Ferne Planeten sind plötzlich nur noch einen Wimpernschlag entfernt und materialisieren sich bis ins Detail über den Köpfen der Zuschauer. Nie waren die Ringe des Saturns so nah. Nie ein Sternhaufen so üppig. All das schafft Zeiss Universarium IX, ein Name nicht ganz wie aus Star Wars, aber doch angemessen für den modernsten Sternenprojektor der Welt. Offiziell sagt man von ihm, dass er mit einer Grenzgröße von 6,55 mag genauso viele Sterne abbildet, wie sie das menschliche Auge unter besten Beobachtungsbedingungen und im freien Weltraum sehen kann. Mag sein. Fakt ist: Wenn sich der Himmel auf dieser mit Kunststoff beschichteten Aluminium-Kuppel auftut, dann stockt einem für einen Moment das Herz – und das Universum konzentriert sich in Gänze auf jenen kleinen Hügel südlich des Bochumer Stadtgartens.

Längst hat man im Planetarium gelernt, dieses Gefühl auch in andere Formate zu exportieren. Astronomie-Shows, wissenschaftliche Vorträge, Lesungen und Hörspiel-Events füllen den Kalender. Darwins Wirken etwa oder Jules Vernes Schaffen haben unter der Kuppel ebenso eine Daseinsberechtigung wie Douglas Adams oder die Musik von Pink Floyd. Und all das erlebt, wer sich einlässt, vom Sessel aus. Liegend, den Blick auf die Kuppel gerichtet. Keine Ahnung, ob das Glück Kurven kennt. Einen Bogen kennt es ganz sicher. Bei allem anderen halten wir es derweil mit Adams: „Die Antwort auf die große Frage nach dem Leben, dem Universum und allem lautet … 42.“

· ·

Zeiss Planetarium Bochum, Castroper Straße 67, 44791 Bochum
www.planetarium-bochum.de
ÖPNV: Straßenbahn 308, Niederflurbus 388, Haltestelle Planetarium

Urlaub statt Maloche

 *Der RheinPark in Duisburg*

Wohnen am Fluss. Klingt schöner, als es lange Zeit tatsächlich war. Zumindest in Duisburg-Hochfeld. Mehr als einhundertfünfzig Jahre mussten die unmittelbaren Rhein-Anrainer mit der Schwerindustrie, mit Zink-, Hütten- und Walzwerken leben. Damit, dass ihnen der Zugang zum nur wenige Hundert Meter entfernten Fluss verwehrt blieb. Dem Ende dann wohnte auch ein Anfang inne: Der Niedergang der Montanindustrie ebnete nicht zuletzt einem komplett neuen Quartier den Weg. Sechzig Hektar groß ist jenes Areal, das sich heute RheinPark nennt. Hier ist aus den gewachsenen Strukturen des Viertels etwas Neues, etwas Grünes gewachsen. Das Grün von allein über dreitausend neu gepflanzten Bäumen und weiten, offenen Rasenflächen. Hoch angelegt, hier ist der Name Hochfeld Programm, mit Wegen zwischen künstlichen Tälern.

Im RheinPark wird nicht mehr geschuftet, sondern flaniert. Auf der Hochfeldallee, die den Eingang zum Park markiert, ohne den Stadtteil wie einst auszuschließen. Auf der Uferpromenade zwischen Kultushafen und Brücke der Solidarität.

Ein Park, in dem man nicht einmal einen eigenen Sandstrand missen muss. Urlaub statt Maloche. Perfekt ins Bild passen da die vorinstallierten Liegen mit Blick aufs Wasser. Private kleine Glücksorte. Gefragt, doch keinesfalls schon am Morgen per Handtuch reserviert. Der richtige kleine Platz für eine Auszeit vom Alltag. Statt Schäfchen zählt man am besten die Schiffe. Und bis rauf in den Himmel schwingt man sich auf den nahen Schaukeln. Kinderkram, ja sicher. Aber was soll's?

Ein grünes Quartier, dort, wo einst die Schwerindustrie wummerte. Der Blick auf den Fluss ungehindert und weit. Die Grenzen von damals, sie existieren nicht mehr. Vergessen sind sie jedoch nicht: Mächtige Mauerreste der ehemaligen Sinteranlage wurden in die Freiflächen einbezogen, gemahnen der Vergangenheit und werten das Entstandene auf. Für wen es zuletzt ist, dieses neue Quartier, demonstriert eine gut zweihundert Meter lange Fabrikwand an der Hochfeldallee: die Wand der 1000 Gesichter. Eintausendvierhundert Fotos von Menschen wie du und ich.

· ·

⊙ RheinPark, Wanheimer Straße, 47053 Duisburg
⊙ ÖPNV: Straßenbahn 903, Haltestellen Marienhospital, Hochfeld Süd Bahnhof/RheinPark
Bahnhof Duisburg-Hochfeld Süd

Wie im Märchenbuch

71 *Der Laternenweg in Schwerte*

Es war einmal ein kleiner Ort südöstlich von Dortmund, der galt schon immer als „Mittelpunkt der westfälischen Volkssagen". Eine Auszeichnung, auf die man stolz ist in Schwerte. Eine Auszeichnung, die gepflegt und die ins rechte Licht gerückt werden will. Dachte sich auch der dortige Heimatverein – und entwickelte, aufbauend auf der Schwerter Sagenwelt, das Konzept für einen eigenen Laternenweg.

Fünf Sagen, je mit vier bis sieben verschiedenen Stationen, setzte die Schwerter Künstlerin Jutta Neubaur-Montenbruck in liebevollen Scherenschnitten um. Die wiederum fanden ihren Weg in im Stil alter Gaslaternen gehaltene Leuchtmittel. Das Ergebnis ließe sich allein in Zahlen ausdrücken – ein Weg, fünf Sagen, dreißig Laternen –, wären Bilder nicht viel schöner. „Die Weiße Frau vom Wuckenhof" etwa berichtet von Habgier, frühem Tod und einem Gespenst, das wiedergutmachen will, was es im Leben versäumt hat. Etwas romantischer: die „Hexenrache", die jenen Nachtwächter einst ereilte, der gleich zwei Frauen gleichzeitig freite. Geschieht ihm recht, dem Guten. Während der „Knüppelhund" und der „Spuk in der Mühle" vor allem die Furchtlosen herausfordert. Selten konnten Katzen einem derart viel Angst machen. Sagengestalten, die hoch über den Köpfen der Passanten schweben und einen einfachen Spaziergang derart zu einem Spaziergang mitten durch ein Märchenbuch wandeln. Ein eigener Flyer klärt über die Hintergründe auf, wenngleich auch die Scherenschnitte selbst in Sachen erzählter Handlung so einiges zu leisten wissen. Start- und Zielpunkt des Rundweges ist der Wuckenhof an der Kötterstraße, jenem Ort, an dem die Weiße Frau dereinst anzutreffen war. Überhaupt: Vielleicht ist es gerade die Tatsache, dass die Geschichten an „Originalschauplätzen" spielen, die diesen Laternenweg so authentisch machen. Das – oder der Wunsch nach mehr Märchen im Alltag. Und wenn sie nicht … Moment: beinahe vergessen! Die schönen Scherenschnitte gibt es, den modernen Zeiten sei Dank, sogar als Download. Zum Nachbasteln. Für St. Martin, Halloween oder einfach so. Für ein bisschen Licht mit Lokalkolorit.

· ·

Schwerter Laternenweg, Altstadt, 58239 Schwerte
www.schwerte.de
ÖPNV: Bahnhof Schwerte

Falter im freien Flug

72 *Das Schmetterlingshaus im Maximilianpark Hamm*

Falter im freien Flug: Das Schmetterlingshaus im Maximilianpark in Hamm erzeugt vor allem bei Fotografen Frühlings- und Glücksgefühle. In diesem einzigartigen Garten können die Besucher mehrere Hundert Falter beobachten und den Weg von der Raupe zum Schmetterling nachvollziehen. Die üppige Pflanzenpracht mit blühenden Urwaldgewächsen ist in eine Landschaft aus Bachläufen und Teichen eingebettet und bietet eine einzigartige Kulisse. Hier fliegen die bunt schillernden Falter frei durch ein Tropenparadies. Und da geht das Wohlfühlen nämlich schon los – bei der Umgebungstemperatur: Es herrschen das ganze Jahr über rund 26 Grad und eine Luftfeuchtigkeit von achtzig Prozent.

Wer da ein Stativ mit sich herumschleppt, ist selbst schuld – hier ist Beweglichkeit gefragt. Doch wer die Augen offen hält, hat schnell die berühmte Qual der Wahl: Im Laufe der Saison sind bis zu achtzig Schmetterlingsarten aus den tropischen Regionen zu bestaunen – aus Süd- und Mittelamerika, Afrika, Thailand, Malaysia und den Philippinen. Im Schmetterlingshaus leben unter anderem der handtellergroße Atlas-Seidenspinner, der blau schimmernde Morphofalter und die Weiße Baumnymphe – klingt nach Alice im Wunderland. An mehreren Stellen der sechshundert Quadratmeter großen Freiflughalle sind Futterplätze aufgestellt. Hier steigt die Chance, dass selbst die scheueren Exemplare für eine längere Zeit stillhalten. In Schaukästen leben zudem das Wandelnde Blatt und die Gespenstschrecken. Vor allem samstags vormittags und in der Woche ab dreizehn Uhr ist die Gelegenheit zum Fotografieren günstig – am Sonntag kann es recht voll werden. Und wo wir schon mal bei Fotogelegenheiten im Maxipark sind: Unbedingt zu empfehlen ist auch das sogenannte Herbstleuchten, das alljährlich im Oktober stattfindet. Ähnlich wie beim Parkleuchten im Essener Grugapark lassen Lichtilluminationen aus Lichternetzen, Scheinwerfern und Projektionen die Bäume, Sträucher, Wiesen und Gebäude in wunderschönem Glanz erstrahlen. Prädestiniert für eine solche Show ist neben dem Glaselefanten auch der Fontänenteich. Da haben dann nicht nur Fotografen Schmetterlinge im Bauch.

• •

Maximilianpark, Alter Grenzweg 2, 59071 Hamm
www.maximilianpark.de
ÖPNV: Niederflurbus 1, 3, 33, Haltestelle Maximilianpark

Das Haar von Tohotaua

73 *Im Museum Folkwang in Essen*

Es war 1998, zwei Jahre vor der Eröffnung des imposanten Chipper-field-Neubaus, als das Museum Folkwang in Essen den einhundertfünf-zigsten Geburtstag Paul Gauguins mit einer eigenen Ausstellung wür-digte. 341.000 Besucher sahen damals „Das verlorene Paradies". Ein „Malermärchen" titelte der Spiegel zur Eröffnung, meinte damit aber vorrangig eher Tahiti als Essen. Ohne jede Reiseführerpoesie wollte die damalige Schau die Bedeutung Polynesiens für das Schaffen Gauguins herausstellen. Idyllische Bilder mit melancholischen Zwischentönen. Grautönen, wenn man so will, auf Leinwand projiziert in herrlichen Farben. Und über faszinierende Menschen.

Eine davon: Tohotaua, deren orangerot leuchtendes Haar in Polynesien vielleicht genauso exotisch wirkt wie 1998 die Südsee-Werke Gauguins in einer Ruhrgebietsmetropole. Tohotaua stand dem Künstler gleich für zwei Werke Modell. Für „Jeune fille à l'éventail", das „Mädchen mit Fä-cher". Und für „Contes barbares" („Barbarische Erzählungen"), sein viel-leicht schönstes und geheimnisvollstes Werk, geschaffen 1902.

In dicken Trauben schoben sich die Menschen damals durch die spek-takuläre Ausstellung. Es war warm, drückend und ja: vielleicht auch ein wenig nervig. Wie so oft, wenn viele Menschen an einem Ort dasselbe wollen. Kunstgenuss ist unter diesen Bedingungen kein leichter. Doch dann gab es da diesen Moment, als sich im Publikum plötzlich eine Lücke auftat – und sich „Contes barbares" in all seiner Pracht vor der schneeweißen Wand auftat. Das Gedränge, die anderen Menschen – alles sämtlich vergessen. Das hier war Kunst. Faszinierend und schön. Und genau am richtigen Ort. Anders lässt es sich – auch heute noch – nicht ausdrücken. Das Plakat von damals ziert heute gerahmt noch so manche Wohnung. Kein Vergleich zum Original, selbstredend. Doch eine schöne Erinnerung. Das Museum Folkwang ist für viele „das schönste Museum der Welt". Ein Standard, den Paul J. Sachs, Mitbe-gründer des MoMA, 1932 bei seinem Besuch in Essen festlegte. Das ist es bis heute. Vielleicht auch wegen dieses einen Bildes.

··

○ Museum Folkwang, Museumsplatz 1, 45128 Essen
www.museum-folkwang.de
○ ÖPNV: U-Bahn 107, 108, U11, Haltestelle Rüttenscheider Stern

Paul Gauguin, Contes barbares, 1902, Barbarische Erzählungen, Öl auf Leinwand, 131,5 x 90,5 cm, Museum Folkwang, Essen.

Schön, datte da bist!

74 *in hostel veritas in Oberhausen*

Die Uhren im Frühstücksraum des in hostel veritas zeigen die Uhrzeit für Duisburg, Essen, Bochum und Dortmund. Wer braucht schon New York, Rio, Tokio? Die Weltzeit – sie schlägt im Revier. Wer hier anreist, hat einen Rucksack, keinen Koffer. Backpacker eben. An Anglizismen, das ist klar, kommt man – anders als an einem förmlichen Sie – im veritas nicht vorbei. Fünfzig Betten auf dreizehn Zimmer – das „Ungleichgewicht" ist Teil des Konzeptes. Denn bei einem waschechten, vom Backpacker Network Germany zertifizierten Hostel sind Mehrbettzimmer verpflichtend. Im veritas nächtigt man für eine relativ schmale Mark pro Person daher auf Wunsch durchaus auch zu fünft, sechst, siebt oder acht in einem Raum. Dreier- und Vierergruppen sind Alltag, Doppel- und Einzelzimmer ebenfalls drin. Der Waschraum jedoch muss für alle Zimmer gleichzeitig reichen. Und spätestens jetzt kommen leichte Jugendherbergs-Campingplatz-Gefühle hoch. Der zweite Blick jedoch macht klar: Das veritas ist für einen solchen Vergleich eigentlich viel zu schräg.

Hier kleben Hopper-Drucke, Engel- und Fußball-Bilder an den bunt bemalten Wänden, liest der Gast seine Abendlektüre („Vergiss die Ohren nicht! Gruß Mama") gleich von den Badezimmerfliesen ab und teilen sich Kaffee und Obst das Fernsehzimmer noch mit echtem Gelsenkirchener Barock und markigen Wandsprüchen. Fazit all dessen: „Schön, datte da bist." Steht auch an der Wand. Wer hier kein Ruhrdeutsch spricht, dürfte aus dem Staunen kaum noch herauskommen – die Erklärung „Willse rein, musse klingeln" an der Eingangstür fällt da wohl schon in die Rubrik „Lektion Nummer eins". Gleich nebenan – und immer gut für einen Art-Markt oder eine Modenschau: das Stöberlädchen Hostel Gretel und das Design-Atelier Artgerecht. Nicht zu vergessen: die hauseigene Gastro. Für Spät-Frühstücker und Vegetarier. Für Grillfreunde, Ruhris – und Gäste aus aller Welt. Und für alle, deren Glück tatsächlich doch am eigenen Badezimmer hängt, fährt der Anbau unter dem Motto „Hostel 2.0 – Alles bleibt anders" fünf Hostel-Suiten auf. Maximalbelegung: vier Personen. Bettwäsche inklusive.

··

in hostel veritas, Essener Straße 259, 46047 Oberhausen
www.in-hostel-veritas.de
ÖPNV: Niederflurbus 185, Haltestelle Zeche Oberhausen

Bunt mit Zuckerguss

75 Die Kleine Zuckerbäckerei in Bochum

Es gibt Worte, bei deren Klang allein einem bereits das Wasser im Mund zusammenläuft. Konditorei ist so ein Wort. Patisserie ebenfalls. Und auch die Bezeichnungen Confiserie und Chocolaterie geben auf erdenklich schöne Weise wieder, was einen dort erwarten mag. Herrliches Naschwerk nämlich, Pralinen, Trüffeln, Torten oder Petit Fours.

Die süßen Seiten der Welt verstecken sich im Ruhrgebiet gern in kleinen Lädchen, die optisch selbst bereits wie Konfekt daherkommen. Eines davon trägt außen den zauberhaften Namen Kleine Zuckerbäckerei und macht diesem Titel innen dann tatsächlich alle Ehre. „Süßen Luxus", so das eigene Selbstverständnis, bietet Anke Rhönisch hier feil – und sie muss es wissen, schließlich entstammt Rhönisch jener alten Bochumer Konditorenfamilie, die über Jahrzehnte das Café Rhönisch in Bochum-Linden betrieb.

Die moderne Variante des Café-Lebens, das Rhönisch im Stadtteil Ehrenfeld etabliert hat, reicht zum Kaffee saftige Kuchen, herzhafte Tartes und Cupcakes von so niedlicher Detailversessenheit, dass man kaum hineinbeißen mag. Überhaupt: gucken. Wie gebannt klebt der Blick an Etageren angefüllt mit knallbunten Törtchen. An Zuckerguss und Marzipanröschen, an Schokolade, Himbeer-Schmand-Torten, an Mascarpone-Pflaumen-Tarte, Macarons oder winzigen Küchlein. Selten war die sprichwörtliche Qual der Wahl eine so süße. Fasten? War gestern. Ab und an muss man dürfen, was man möchte, und hier kann man.

Und weil man auch in den heimischen vier Wänden längst nicht vor der Törtchen-Lust gefeit ist, hat Rhönisch auch überaus erfolgreiche Cupcake-Seminare im Programm. Für den kleinen Hunger zwischendurch und für alle, die sich ebenfalls an den süßen kleinen Kunstwerken versuchen wollen.

Cupcake übrigens ist noch eines von diesen Worten, bei denen einem das Wasser im Munde zusammenläuft. Zugegebenermaßen kein ruhrdeutsches Wort, aber „Omma ihr kleiner Kuchen mit Cremehaube" hat in puncto herrliche Assoziationen einfach nicht das gleiche Potenzial.

●●

● Kleine Zuckerbäckerei, Hunscheidtstraße 61, 44789 Bochum
www.zuckerbaeckerei-rhoenisch.de
● ÖPNV: Niederflurbus 354, 394, Haltestelle Hunscheidtstraße

Mut zum Hut

76 *Die Hutmanufaktur in Essen*

Können Sie sich noch erinnern? Damals, als Sie beim Besuch des Onkels immer dessen Schlägermütze gemopst haben? Viel zu groß für den Kinderkopf, aber eine tolle Verkleidung. Ebenso wie Omas Sonntagshut. Allerdings gab es hier durchaus Ärger fürs Mopsen. In der Hutmanufaktur von Ulrike Strelow in Essen dürfen Schlägermützen ganz legal probiert werden. Die und jede Menge andere Hüte, zu finden in hohen Holzregalen, manche davon auf eleganten Ständern, andere, wie etwa die Barette in unterschiedlichen Farben, liegen fein säuberlich gestapelt in schmaleren Fächern.

Seit mittlerweile fünfzehn Jahren finden sich in den Räumen der Modistenmeisterin im Herzen von Essen-Rüttenscheid innovative Hut-Kreationen aus der hauseigenen Werkstatt ebenso wie Kopfbedeckungen ausgesuchter Firmen. Die Welt der Hüte, das zeigt bereits ein kurzer Blick ins Ladenlokal, ist eine große, eine umfangreiche. Bescheidene Kappen, mondäne Fascinators, Stetsons und Flatcaps – bei Strelow findet jeder Kopf seinen Deckel. Und die entsprechende Beratung. Schließlich hängt das passende Modell nicht zuletzt von der persönlichen Kopfform ab.

Sicher: Das Ruhrgebiet ist nicht gerade die Heimat des Hutes, da dürfte dem Vereinigten Königreich so schnell niemand etwas vormachen. Doch zur Hochzeit oder großen Familienfeier darf es dann auch hier schon einmal etwas Gewagteres sein. Nicht nur bei der Braut. Auch bei den Gästen mit Mut zum Hut.

Wer sich durch die Strelow'schen Regale arbeitet, entdeckt Hüte so zart wie Pralinen, so bunt wie Papageien und so filigran wie ein Kunstwerk im Museum. Mit Schleife oder ohne. Mit Blüte oder Feder und mit Namen wie „Koralle", „Safari" oder „Pink auf Nude". Selbst ein schnöder Beanie oder die Kinderzipfelmütze werden hier zum modischen Statement. Herrlich. In diesen Regalen steckt persönliches Verwandlungspotenzial.

● Hutmanufaktur Ulrike Strelow, Hedwigstraße 4, 45130 Essen
www.hutmanufaktur.com
● ÖPNV: Straßenbahn 108, U11, Haltestelle Rüttenscheider Stern

Sand in Betrieb

77 *Der Stadthafen in Recklinghausen*

Es gibt diese Tage, da muss man einfach raus ans Meer. Ab an den Strand und die Seele baumeln lassen. Als Ruhrgebietler hat man in diesem Fall zwei Möglichkeiten: Man setzt sich ins Auto und fährt zwei Stunden Richtung niederländische Nordseeküste. Oder man tuckert gemütlich gen Stadthafen Recklinghausen. Die Nordsee gibt es hier zwar nicht, dafür jedoch einen echten Sandstrand und einen direkten Blick auf den Rhein-Herne-Kanal. Schwimmen is' nich', der Kanal ist nun einmal kein Planschbecken. Aber mal ehrlich: Auch an der Nordsee hätte es bei einem Tages-Kurztrip wahrscheinlich gerade für einen knöcheltiefen Ausflug in die Fluten gereicht.

Es geht ja mehr ums Gesamtkonzept. Flucht aus dem Alltag, so was eben. Und dafür ist man im Stadthafen immer am richtigen Ort. Seit einiger Zeit sogar zu jeder Zeit des Jahres. Im Zuge einer Umgestaltung des Areals ist 2014 ein neues Restaurant entstanden, das dank Lounge-Interieur, Außen- und Innenkamin, dank Holzdielen und Holztischen das Liegestuhl-Sand-in-den-Schuhen-Gefühl auf das nächste Level katapultiert hat. Gereicht werden zum Sonnenuntergang am Kanal natürlich Cocktails unterschiedlicher Couleur, alles andere wäre ein Stilbruch sondergleichen. Hinzu kommen Pasta-Variationen, Burger, auch im Veggie-Format, Garnelen und die obligatorische Currywurst, ohne die im Revier nichts geht. Leider musste der heimliche Held des Geländes, der alte Hafenkran, im Zuge der Umgestaltung seinen angestammten Platz mitten im Strand-Geschehen räumen – und wurde etwas entfernt wieder geparkt. Aber das ist dann auch schon das Einzige, was es an diesem Glücksort auszusetzen gäbe. Übrigens nicht dem einzigen mit Beach-Atmosphäre im Revier. In Essen etwa findet sich unmittelbar am Baldeneysee das beliebte Seaside Beach; am Kemnader See bietet der Stadtstrand eine vergleichbare Location, und in Dortmund platziert man den Sand des Weststrandes gleich unter einem anderen Wahrzeichen der Stadt: dem Dortmunder U. Ein bisschen Sand im Getriebe, so scheint es, macht sich in der Metropole Ruhr gar nicht schlecht.

● Stadthafen Recklinghausen, Am Stadthafen 10, 45663 Recklinghausen
● ÖPNV: Niederflurbus SB 20, Haltestelle Stadthafen

Altes Holz in alter Mühle

78 *Die alte Gewürzmühle in Gelsenkirchen*

Bauholzgestaltung. Klingt dröge, heißt aber so. Zumindest bei Werner Rüller. Ein Essener in Gelsenkirchen. Das an sich hat noch nicht viel zu sagen. Ein Elektrotechniker für Dampfkesselanlagen, der sich zum Tischler ausbilden lässt. Das ist durchaus schon etwas anderes. Und nicht zuletzt: eine Möbelmanufaktur in einer alten Gewürzmühle im Stadtteil Heßler. Klingt gar nicht mehr so dröge.

Den Anfang allerdings machte skandinavische Mode. Ja, wir reizen das Ungewöhnliche gerade vielleicht etwas aus. Doch: Eben solche Mode verkaufte Rüllers Lebensgefährtin in ihrem damaligen Shop Coffee & Kleid. Und ein derart ungewöhnlicher Name verlangte nun einmal nach ungewöhnlichem Interieur.

Rüller griff also zu Hammer, Nagel und altem Bauholz – und schuf eine Inneneinrichtung, die den Coffee-&-Kleid-Kundinnen überraschenderweise mindestens ebenso gut gefiel wie die Klamotten. Der Beginn einer Geschäftsidee. Und die verschaffte 2013 in den Räumen der alten Gewürzmühle sowohl Rüller als auch Baustellenaltholz eine neue Zukunft. Überhaupt: Bauholz. Wer damit arbeitet, legt keinen Wert auf aalglatte Oberflächen und makellose Schönheit. Im Gegenteil: Es ist gerade die silbergraue bis honigfarbene Patina, ist der Zahn der Zeit, das „Leben" auf Baustellen, die aus diesem Holz einen besonderen Werkstoff gemacht haben. Das Ergebnis sind Unikate, deren Form nicht allein aus ihrem Zweck resultiert, sondern auch aus den Vorgaben des Materials. Verwittertes Holz, das seinen letzten, seinen eigentlichen Verwendungszweck als Tisch, Stuhl oder Bilderrahmen findet. Das aufgewertet wird, statt gen Schredder zu wandern – oder weiterhin ein Stützbalkendasein auf Baustellen zu fristen. Für Rüller Ausdruck eines sinnvollen Umgangs mit Ressourcen. Für seine Kunden die Chance, eigene Einrichtungsideen umgesetzt zu wissen. Glück lässt sich eben auch tischlern.

Elektrotechnik gehört übrigens immer noch zu Rüllers Portfolio. Aber das wäre jetzt wieder eine andere Geschichte.

WR Bauholzgestaltung, Werner Rüller, Kanzlerstraße 53, 45883 Gelsenkirchen
www.bauholzgestaltung.de
ÖPNV: Niederflurbus 383, Haltestelle Jahnplatz

Mentale Auszeit vom Alltag

79 *Die Heuerampel in Bochum*

Eine Fußgängerzone kann aus vielerlei Gründen ein Glücksort sein. Der guten Restaurants wegen. Auch die Geschäfte dürften ihren Teil dazu beitragen. Fußgängerzonen können aber auch das genaue Gegenteil sein: voll, stressig und laut. Und das nicht nur kurz vor Weihnachten. Bisweilen reicht da schon ein Blick gen Himmel für eine kurze, mentale Auszeit. Den Funken Glück im hektischen Alltag. Zumindest an der Kreuzung Bongard- und Kortumstraße in Bochum. Hier baumelt hoch über den Köpfen der Flanierenden ein eckiger Kasten. Rote und grüne Felder, weiße Pfeile.

Den Kasten kennen die meisten Bochumer. Seinen Namen wahrscheinlich etwas weniger. Die Funktion der Heuerampel jedoch erschließt sich selbst dem Unwissenden beinahe von selbst: Die Zeiger-Ampel regelte von den späten 1930er- bis in die frühen 1970er-Jahre den Verkehr; über die bekannte Farben-Symbolik – und zusätzlich über den plakativen Stand des Zeigers, der die Silhouette eines Polizisten andeuten soll. Der senkrechte, ausgestreckte Zeiger gab den Weg frei; der waagerechte signalisierte Stopp. Und warum der ganze Aufwand? Zwei der drei Söhne des Iserlohner Unternehmers Josef Heuer litten unter einer Rotgrünschwäche. Was im Straßenverkehr, sagen wir mal: entscheidend von Nachteil sein konnte. Die Heuerampel löste dieses Problem durchaus erfolgreich, zumindest an rechtwinkligen Kreuzungen mit vier Zufahrtsstraßen. Und doch kam für die würfelförmigen Kästen 1972 das Aus. Eine neue Straßenverkehrsordnung, moderne Drei-Farben-Varianten – die Evolution macht auch vor den besten Erfindungen nicht halt.

Und trotzdem: In Bochum hängt man an der Zeiger-Ampel, platzierte sie bewusst an historischer Stelle. Ein Nachbau, zugegeben. Doch in einer Welt der Schnelllebigkeit wird an prominenter Stelle ein lieb gewordenes Relikt verwahrt. Und in solchen Momenten reicht bisweilen schon ein kurzer Blick nach oben, um ein wenig Abstand zu gewinnen. Nicht zuletzt aus dem Gefühl heraus, dass manchmal schon eine einfache Lösung eine gute ist.

● Heuerampel Bochum, Bongard-/Ecke Kortumstraße, 44787 Bochum
● ÖPNV: Bochum Hauptbahnhof

Alles so schön bunt hier

80 *Die Halde Haniel in Bottrop*

Und noch ein Berg. In einem Buch, in dem durchaus schon die ein oder andere Halde Erwähnung gefunden hat. Aber sie sind nun einmal etwas Besonderes, die künstlichen Hügel des Reviers. Und zur Verteidigung sei gesagt: Diese Halde ist immerhin die höchste begehbare im Ruhrgebiet. Einhundertfünfundachtzig Meter über Normalnull türmt sich das Bergematerial der Zeche Prosper-Haniel in Bottrop auf. Anlass mehr als genug für ein Gipfelkreuz. Das allerdings viel mehr ist als nur eine weithin sichtbare Landmarke. Es ist Teil des 1995 eingeweihten Kreuzweges, den die Ordensfrau Tisa von Schulenburg gemeinsam mit dem Oberhausener Künstler Adolf Radecki sowie Auszubildenden des Bergwerks Prosper-Haniel geschaffen hat. Fünfzehn Stationen begleiten den Aufstieg; eine jede besteht aus einer Kupfertafel mit der Darstellung der Leiden Christi und einem Arbeitsgerät aus der Welt des Bergmanns. Das Haldenkreuz selbst – aus Spurlatten gefertigt – erinnert an den Papstbesuch am 2. Mai 1987 auf Prosper-Haniel.

Textlich stellt der Übergang von Kreuz und Kirche hin zu Verdi und Aida durchaus eine gewisse Herausforderung dar. In natura gelingt ein solcher Wechsel auf der Halde Haniel nahezu spielend: Man muss einfach nur ein Stückchen weiter gehen. Dann findet sich, mitten auf der Kuppe, ein 1999 aus Bergematerial angelegtes offenes Amphitheater nach griechischem Vorbild. Natürlich, was sonst würde man auf einer Halde im Ruhrpott auch erwarten? Und eines ist sicher: Einen ungewöhnlicheren Rahmen dürfte eine Aida-Inszenierung bis dato kaum erfahren haben. Und wer jetzt denkt, damit habe es sich an Überraschungen in Bottrop, der irrt. Denn das vielleicht sympathischste Kunstwerk auf Haniel ist zugleich das jüngste. Und das farbenfroheste. 2002 installierte Augustin Ibarrola einhundert bemalte Bahnschwellen, die „Totems". Hintereinanderweg. Gleich am Amphitheater. Und plötzlich war alles so schön bunt hier – und fand selbst der Sonnenuntergang seine ganz eigenen, ganz speziellen Schatten. Wer sagt denn, dass Haldenkunst immer gleich in die Höhe schießen muss, um glücklich zu machen?

• •

○ **Halde Haniel, Fernewaldstraße, 46242 Bottrop (Parkplatz Bergwerk Prosper-Haniel)**
○ **ÖPNV: Bus 262, Haltestelle Zeche Franz Haniel, Bus 976, Haltestelle Kleekamp**

Bibliografische Informationen der Deutschen Nationalbibliothek
Die Deutsche Nationalbibliothek verzeichnet diese Publikation in der Deutschen Nationalbibliografie;
detaillierte bibliografische Daten sind im Internet über http://dnb.d-nb.de abrufbar.

© 2016 Droste Verlag GmbH, Düsseldorf
7. Auflage 2020
Konzeption/Satz: Droste Verlag, Düsseldorf
Einbandgestaltung und Illustrationen: Britta Rungwerth, Düsseldorf unter Verwendung von Bildern
von © Fotolia.com: jd – photodesign.de; © iStock: Plociennik Robert
Alle Fotos © Schacht 11, außer

S. 11, 55, 85, 139: Martin Müller; S. 35, 51, 91, 137, 147: Dagmar Jordan; S. 19, 83, 89, 101, 121, 155, 167:
Michael Wegener; S. 13: Fotolia © Brudertack69; S. 15: Bernd Margenburg; S. 17: Herr Walter; S. 21: Niederrhein-
Therme; S. 27: Wolfgang Schellenberger; S. 29: Pia-Engel Nixon; S. 33: Frollein Fritz; S. 43: Freizeitzentrum Kemnade;
S. 49: Christoph Kniel; S. 93: Lichtburg/H.-P. Hüster; S. 59: Unperfekthaus; S. 63: Gesundheitspark Quellenbusch;
S. 71: Volker Hartmann; S. 85: The Poodles Core; S. 87: Schaustellermuseum; S. 95: DBM; S. 99: Thomas Machoczek;
S. 105: Oliver Nauditt; S. 107: Stadtmarketing Herne GmbH; S. 113: Stadt Hattingen/Ulrich Kestler; S. 119: WWL-Indus-
triemuseum/A. Hudemann; S. 123: Jens Hauer; S. 127: Emscherkunst/Roman Mensing; S. 143: Stiftung Zollverein/
Jochen Tack; S. 145: Lutz Leitmann; S. 151: Maximilianpark; S. 153: Museum Folkwang; S. 157: Kleine Zuckerbäckerei;
S. 161: Agentur Prinz; S. 163: Werner Rüller

Druck und Bindung: LUC GmbH, Greven
ISBN 978-3-7700-1568-9

www.drosteverlag.de